自传课程研究

理论与实践

冯加渔 著

Autobiographical Curriculum Research:
Theory into Practice

复旦大学出版社

序

教育是充满挑战性的、探索人的未来种种可能性的智慧工作,非智慧的"觉悟者"难以胜任!

对于教育而言,课程的重要性不待言说,无论是静态的还是动态的,都是人的社会观、生活观和价值观的外显化。一言以蔽之,没有课程肯定没有教育;没有教育,肯定没有人的健康、趋善、求美、赋能、增值的发展。世界的混沌性、人和事物的不确定性,导致了教育的复杂性。法国当代著名哲学家埃德加·莫兰认为:"人类把复杂的不确定性游戏推到了顶峰。人类正好是这个不确定的游戏的产物,并且他的实践也在这个不确定的游戏中变成生产性的。"显然,面对人和世界的复杂性,教育者若缺乏研究的态度和方法,则无法完成教育的神圣使命!研究是科学,研究是艺术,研究是生活,研究本身更是课程。

相对于静态的课程,当代著名课程理论家威廉·派纳更强调动态的课程:"课程不是由诸多科目(subjects),而是由诸多主体(Subjects)、主体性(Subjectivity)构成的。课程的开展就是建构自我、建构主体性生活体验的过程。"法国思想家乔治·巴塔耶认为人的"内在经验"是"对其他价值、其他权威的否定,它有着积极的存在,它自身便积极地成为价值和权威"。因此,康纳利和克兰迪宁认为,"研究课程的最好方式莫过于研究我们自己"。

本书作者冯加渔博士对派纳构建的聚焦自我的自传课程理论进行了创造性阐释,经过研究和论证后认为:自传课程蕴含着的主体课程观是对学科课程观的超越,实现了知识到自识的转向,具有自组织活性,潜在价值巨大,前景可观。这是因为,第一,师生尤其学生是主体参与者、亲历者、思考者、体验者、表达者;第二,反思过程、多元对话、互赋主体发展了全人;第三,强调第一叙述者的体验,澄明个体的生存意义,实现了个体解放。就西方课程研究领域而言,在如今客观知识专断、学科规训盛行、技术形塑、人被异化奴役、功利主义猖狂、信息泛滥的时代,突显人的地位和作用,强调主体性、体验性、经验性、反思性甚至混沌性、偶然性、即时性的自传课程,显然具有超越局限、匡正时弊、治愈人心的教育学重大意义。

的确,我们如何呈现自我具有综合性的多维意义,对自我进行现象学、心理学、社会学、教育学、政治学、历史学等多样分析和诠释,正是自传课程的核心诉求。

在自传课程研究过程中,作者首先引用阿伦特的"判断":"人特有的生活的主要特征是,不仅它的出现和消失、生和死构成了世界性事件,而且他一生当中也充满了各种事件,这些事件最终可以讲述为故事,或写成自传。"对于自传,派纳指出:"悬置现在的所是、过去的所是和未来的所是,从所是之中解放出来,才有可能获得更多的自由,从而更加自由地选择过去和未来。"可以说,这是自传的本质意义之所在:为了自由!

其次,作者总结道:"概而言之,自传的空间在场不仅是地理学意义上的位置在场,还是现象学意义上的主体在场。"关于现象学意义,爱尔兰哲学家德尔默·莫兰在其著《现象学:一部历史的和批评的导论》中指出:"现象学是对'现象'的一种回归。胡塞尔把现象理解为'显现者本身';换言之,理解为任何显现者,任何在显现方式中、在其显现的'如何'中被意指者或被思想者。"海德格尔则认为现象学是"自身被见"。马克斯·范梅南指出:"现象学反思和分析主要在悬置、还原和感召的态度中发生——虽然人们对这三者的理解有所不同。"作者在他的书中大量呈现了学生的"课程叙事"和"自身被见",将不同学段的学生自由撰写的自传素材加以分类整理,而后进行理解性阐释,以期揭示学生学习的原貌。他惊奇、悬置、还原和感召,并翔实、深入地分析了关系层次中的教育学意义,而且都是作者本人的独特学理视角的审察和观念穿越。

自传虽是自我知识,具有情境性、劣构性和不确定性,但又是一定的社会背景影响、个人成长、时代制约、文化塑造的结果,是具有"共性"特征的个体故事,是自己与世界、与他人、与自己、与人类思想、与道德伦理、与科学技术等的平等对话,其中充满着碰撞、批判、扬弃与融合。英国学者戴维·伯姆曾指出:"在对话当中,每个人都不试图把他所知道的观点或信息强加于人。相反,可以说是两个人共同去认识,并形成新的共识。要做到这一点,前提是不带任何偏见、无拘无束地互相倾听,而且不试图对对方施加影响。每个人所关心的唯有真理,因此他可以随时抛弃自己的旧思想与观念;而在必要的时候,又随时可以接受异己之见。反之,如果只想把自己的想法灌输给别人,或者戴着有色眼镜来看待别人的观点,不管别人说的是否有道理,都固执己见,那么就根本无法进行沟通,因此也就必然会导致上文所指出的那种无法解决的'沟通问题'。"其实,正是关系导致了对话,对话又重构了关系。关系学就是教育学。

面对信息化、网络化、智能化下的课程发展,作者敏锐地捕捉到了"经验"的课程化,指出:"通过自传,研究者能够走进传主的内心世界,伴随着传主的自我叙述见证主体性的形成与发展。这也正是当下越来越多的课程研究学者在进行有关经验主题的质性研究时有意选择自传作为素材的重要原因。"福柯将社会和个人的"沉积"、自我认识的技术本身视为权力塑造,认为自我形象乃是社会学的组织背景,它需要静默、写作、描述和柏拉图主义的古老思想技术。福柯指出:"既要不断地重新提出达至真理所必需的各种精神性条件,又要把精神性纳入认识活动中,即认识自己、精神和本质的活动中。"然而,向内聚焦的自明性的见证性叙事,只能表现自己的思想和行为,其叙述视角存在某种无法克服的限制性因素,因为,见证者无法全知全能。特别有价值的是,作者以自己为对象来进行自传研究,用派纳的"回溯—前瞻—分析—综合"四个阶段自传方法详细分析、诠释了自我的教育体验,其意义在于"个体通过对生命体验的反思内省来探寻自我的重建和解放之路"。作者指出自传课程研究是外部研究与内部研究结合,或建构,或解构,或重构,从宏观和微观两个层面去分析其形态、结构、意义和价值。

  伟大的教师都勇于在反思中自我呈现、自我拷问和重新建构。教师的职业生命特性决定了教师要首先将自己"悬置"起来,凝视自我、自我考古,以表达、批判和诠释来"构建理想的自我"。表达就是在"回溯"中"瞻望"、在"瞻望"里时时"回溯",用历史的、哲学的、艺术的视界来融合,展示自己、分析自己、创造自己。批判绝非否定,哪怕是简单的否定,而是以科学严谨的态度和理性的方式是其所是、非其所非、异其所异,是一场选择性的"拥抱"!诠释则是基于人与自然、人与社会、人与历史、人与文化、人与现实生活之间的"关系建构与互动"而进行"理解"性的说明、补充、创新性解释、延异等,一方面是为了清晰地展示自己的存在形态和价值,另一方面是"尽意"表达自己个性化的历史、探求真相的精神以及感悟教育真谛的"赤子之心"!冯加渔博士就是这样一个"执着"的自我构建者——对自己小学时期经历的艰辛与迷茫、外语学习历程的"渐入佳境"、初为人师的喜怒哀乐与职业角色的反思都是那么真切、质朴而深刻!他在书中说:"我渐渐体认到:没有尽善尽美的学校,也没有尽善尽美的课程,但有尽心尽力的教师。教师并非无所不能,但可尽己所能。"

序

冯加渔博士作为师范大学的教育学研究者和课程与教学论专业教师,对自己学科专业的反思是其将来成为专家的基石。他如是说:

——某种程度上,于我而言,"课程即生活",因为课程业已占据了我个人的专业研究生活与社会实践生活。……我愈发感受到现实的挑战,也愈发体会到:"(我们)课程人唯有贴近世界学术前沿,贴近改革实践前沿,贴近学科重建前沿,才能真正持续地发出自己的专业的声音,才能真正回应新时代'概念重建、课程创新'的挑战。"

——于我而言,作为教师,无论是在课程教学中向学生展示课程生活世界的美好,还是引领学生复归课程生活世界,首先需要我自己复归课程生活世界。课程生活不是一成不变的,有过往的生活体验、现在的生活进行和未来的生活愿景,过往、现在和未来是一个流动的过程,因此,课程生活世界也是一个流动的世界,复归课程生活世界即意味着建构课程生活世界。在自传反思中,借由对过往的追忆、对未来的展望、对现在的审思,我对课程的理解有了新的体认,需要重建课程生活世界。

教师自我构建的目的不仅是要实现自我完善、体现社会价值和彰显人性的光辉,而且要与学生建立信任、互动、共建、成长的关系,最大可能地促进学生的发展。教育就是唤醒!通过启发、兴发、诱发而使学生对自己、社会、他人、自然的本质及其关系有独到的见解和情感,唤起学生主动追求真善美的勃发意识,诚如孟子所言:"源泉混混,不舍昼夜,盈科而后进,放乎四海。"教育需要创新。它可能没有标准答案,只有一堆问题需要哲学思考。

最后,就以海德格尔的"回家"作结:

哲学工作不能像形单影只的人独自处理事务那样开展。它归属于农夫式的工作。年轻的农夫拉着沉重的雪橇爬上山坡，雪橇上堆满榉木，然后小心地滑下山坡回到家中；牧人陷入沉思中，步履缓慢，赶着他的羊群爬上山坡；小屋中的农夫为建造他的屋顶收集无数的木瓦——我的工作便类似于此。

是以为序。

陈希良
2021 年 7 月

目 录

导论 …………………………………………………………… 1
  一、什么是自传课程 ………………………………………… 1
  二、为什么研究自传课程 …………………………………… 8

第一章　自传与课程研究 ……………………………………… 13
  一、自传的基本意涵 ………………………………………… 14
    （一）自传的语义考释 …………………………………… 14
    （二）自传的内涵特征 …………………………………… 20
  二、自传的课程研究应用 …………………………………… 32
    （一）作为课程研究素材的自传 ………………………… 32
    （二）作为课程研究方法的自传 ………………………… 34
  三、自传与课程的知识考古 ………………………………… 39
    （一）自传与课程的语义学同源 ………………………… 39
    （二）自传与课程的发生学耦合 ………………………… 42

第二章　学生自传的课程论意义
    ——基于自传素材的分析 ………………………………… 53
  一、学生课程生活体验的自传研究 ………………………… 54
  二、认知性自传：学生知识学习的体验阐释 ……………… 58
    （一）接受式知识学习的体验阐释 ……………………… 59
    （二）参与式知识学习的体验阐释 ……………………… 66

三、社会性自传：学生—教师互动的体验阐释……………… 75
　　（一）公正法则作用下学生—教师互动的体验阐释…… 77
　　（二）情感法则作用下学生—教师互动的体验阐释…… 83
四、存在性自传：学生身份认同的体验阐释……………… 91
　　（一）消极身份认同的体验阐释………………………… 92
　　（二）积极身份认同的体验阐释………………………… 98

第三章　教师自传的课程论意义
——基于自传方法的视角 ……………………………… 103
一、教师课程生活体验的自传研究 ………………………… 104
二、回溯：对过往课程生活的追忆 ………………………… 107
　　（一）派纳关于"回溯"的方法论述……………………… 107
　　（二）追忆过往的课程生活体验………………………… 110
三、前瞻：对未来课程生活的想象 ………………………… 115
　　（一）派纳关于"前瞻"的方法论述……………………… 115
　　（二）想象未来的课程生活可能………………………… 117
四、分析：对现在课程生活的理解 ………………………… 121
　　（一）派纳关于"分析"的方法论述……………………… 121
　　（二）理解现在的课程生活境况………………………… 124
五、综合：对自我课程生活的重建 ………………………… 129
　　（一）派纳关于"综合"的方法论述……………………… 129
　　（二）重建自我的课程生活世界………………………… 132

第四章　自传课程的研究转向 ……………………………… 136
一、从 subject(学科)到 Subject(主体)：课程本质的转向
　………………………………………………………………… 136
　　（一）学科本质观的限度………………………………… 137

（二）主体本质观的超越 …………………………… 141
二、从知识到自识：课程内涵的转向 …………………… 145
　　（一）客观知识的僭妄 ………………………………… 146
　　（二）自我知识的澄明 ………………………………… 149
三、从他组织到自组织：课程结构的转向 ……………… 154
　　（一）他组织课程结构的预成 ………………………… 155
　　（二）自组织课程结构的生成 ………………………… 159

第五章　自传课程的价值启示 ……………………………… 163
一、课程理论的发展启示：走向解放的人本课程论 …… 163
　　（一）自传课程的理论品格 …………………………… 163
　　（二）当代课程理论的人本走向 ……………………… 168
二、课程实践的变革启示：追寻意义的人本教学 ……… 173
　　（一）自传课程的实践品格 …………………………… 173
　　（二）走向有意义的人本教学 ………………………… 177
三、未竟的反思 …………………………………………… 181

参考文献 ……………………………………………………… 184

后记 …………………………………………………………… 198

导 论

一、什么是自传课程

"教育理论来源于解决教育实践问题和教育理论问题的需要,解决教育理论问题的最终目的是解决教育实践问题。解决教育实践问题需要建构新的教育理论,建构新的教育理论需要建构新的教育理论概念。"[①]相对于诸多常用学校课程概念来说,"自传课程"(Autobiographical Curriculum)无疑是一种新的教育理论概念,即关于新的"自传课程理论"(Autobiographical Curriculum Theory)的新概念。现代课程论研究诞生于20世纪初叶,迄今已发展成为学派林立、思潮迭起的国际性研究领域。某种程度上,不单是对学校课程实践工作者而言,即便就当代课程理论研究领域而言,"自传课程"与"自传课程理论"也足可谓是耸立其中的一个新的理论概念和一种新的理论学说——论其"新",并非指间世时间之新,而是理念主张之新,以至于自传课程理论也被称为先锋派课程理论。

"什么是课程理论?简而言之,课程理论即教育经验的跨学科研

[①] 郝文武. 当代中国教育哲学研究:从概念建构到理论创新和实践变革[J]. 北京师范大学学报(社会科学版),2010(6):5.

究。"①一方面,这是对当前课程理论研究现状的描述——无论是就宏观维度的整个课程理论而言,还是就微观维度的具体某个课程理论而言,在现时代或多或少都是跨学科研究的综合成果。另一方面,这也是对课程理论研究发展路径的前瞻——固守一隅的课程理论研究领域只会导致自我封闭,进而走向"穷途末路"②,课程理论研究领域需要跨越学科边界、通过跨学科研究来丰富自身的理论话语,从而持续迸发出蓬勃发展的生机与活力。

自传课程理论即教育经验的跨学科研究。自20世纪70年代以来,美国课程理论家威廉·派纳(William F. Pinar, 1947—)在继承约翰·杜威(John Dewey, 1859—1952)经验课程理论的基础上,从现代主义文学、存在主义哲学、现象学、精神分析心理学等学科广泛汲取理论智慧,而后加以融会贯通,提出了用自传反思的方法来研究个体的课程经验,将静态的学校正式课程(如学科知识、预期目标、教学计划等)概念重建为动态的存在体验课程,由此创造性地构建了自传课程理论。概而言之,自传课程指"将课程理解为自传文本",其关于课程的基本命题是"课程即自传",与"课程即学

---

① William F. Pinar. What Is Curriculum Theory? [M]. New York: Routledge, 2004: 2.
 威廉·派纳在阐述"课程理论"的内涵时写道:"什么是课程理论?简而言之,课程理论即教育经验的跨学科研究。当然,并非每一种对教育经验的跨学科研究都是课程理论;同时,也并非课程理论的每一情形都是跨学科的。课程理论是一个与众不同的研究领域,具有独特的历史、复杂的现实和不确定的未来。在这个与众不同的领域中,可以看到来自人文和艺术学科的影响,在较小程度上还受到社会科学的影响。"
② 美国课程理论家约瑟夫·施瓦布(Joseph Schwab, 1909—1988)在1969年描述了课程研究领域因过于依赖以"泰勒原理"为代表的主导课程研究范式后遭遇的发展危机:"课程领域已经到了穷途末路之时,现有的理论和方法不能维持其研究,也难以对教育的发展作出重大贡献。课程领域需要新的理论,这些理论将产生新的课程观及种种新的问题。它需要有适合于这一整套新问题的新方法。"[引自伊恩·韦斯特伯里(Ian Westbury)主编的《科学、课程与通识教育——施瓦布选集》,郭元祥、乔翠兰译,中国轻工业出版社2008年版第237页,译文基于英语原文略有调整。]

科""课程即目标""课程即计划"等静态的"跑道式课程观"（Curriculum as Course）相对，主张课程是个体建构自我、建构主体性的过程。自传课程理论批判了以"泰勒原理"为代表的"课程开发范式"（亦即"主导的课程范式"），是"课程理解范式"的重要构成理论流派。

自问世以来，派纳提出的自传课程概念及构建的自传课程理论先后招致了不少学术批评——其中不乏知名课程研究学者的激烈辩驳，但与此同时，他也吸引了一批志同道合的追随者及对其创见赞赏有加的支持者。随着时间的推移，派纳的原创性学术贡献及自传课程的独特研究价值得到了越来越多也越来越有分量的支持性同行评价。2000年，派纳荣膺美国教育研究学会（AERA）课程和教学领域的终身成就奖；2004年，派纳撰写的系统阐述自传课程理论进展的著作《什么是课程理论?》（*What Is Curriculum Theory?*）荣获美国教育研究学会颁发的杰出著作奖；2009年，美国著名课程研究学者埃德蒙·肖特（Edmund C. Short）和伦纳德·瓦克斯（Leonard J. Waks）主编出版了《课程研究中的领导者》（*Leaders in Curriculum Studies*）一书，派纳与迈克尔·阿普尔（Michael W. Apple）、迈克尔·康纳利（F. Michael Connelly）、埃利奥特·埃斯纳（Elliot Eisner）、约翰·埃利奥特（John Elliot）、艾沃·古德森（Ivor F. Goodson）、赫伯特·克利巴德（Herbert M. Kliebard）、劳瑞尔·坦纳（Laurel Tanner）、迈克尔·扬（Michael F. D. Young）等人并列其中。因此可以说，派纳构建的自传课程理论主张或许不被全面认同，但其学术影响绝难以被忽视——越来越多的课程理论研究者在各自著述中论及自传课程概念或自传课程理论相关主题。时至今日，派纳已被公认为是当代西方最富有原创思想的重要课程理论家之一，自传课程业已从一个理论概念发展成为当代西方独树一帜的课程理论体系。

2000年以来自传课程相关主题在权威著述中的论及情况概览

出版时间	作者/编者	图书名目	涉及主题
2002年	威廉·舒伯特 安·林恩·洛佩兹·舒伯特	《课程著作史:前一百年》	存在体验课程、课程概念重建、自传课程、理解课程
2003年	瓦莱丽·詹西克	《课程趋势:参考手册》	存在体验课程、自传、课程作为自传文本
2006年	丹尼尔·坦纳 劳瑞尔·坦纳	《课程开发:理论与实践》(第4版)	存在体验课程、课程概念重建、自传课程、理解课程
2007年	迈克尔·康纳利	《SAGE课程与教学手册》	存在体验课程、自传课程、自传课程理论
2009年	埃里克·马列夫斯基基	《课程研究手册:下一时刻》	存在体验课程、自传、自传课程、课程概念重建、课程理解、存在现象学
2009年	科林·马什	《理解课程的关键概念》(第4版)	存在体验课程、自传理论
2010年	克莱格·克利德尔	《课程研究百科全书》	存在体验课程、自传理论、自传课程理论、自传课程研究
2010年	利蒙·卡丁顿	《课程开发手册》	理解课程
2014年	约翰·麦克尼尔	《当代课程:思想与行动》(第8版)	存在体验课程、课程概念重建、理解课程
2014年	威廉·派纳	《课程研究国际手册》(第2版)	存在体验课程、理解课程、自传理论、自传课程理论、概念重建
2015年	何敏芳 布莱恩·舒尔茨 威廉·舒伯特	《SAGE教育指引:课程》	存在体验课程、自传、自传课程、自传方法
2016年	多米尼克·威斯 路易丝·海沃德 杰西卡·潘迪亚	《SAGE课程、教学与评估手册》	存在体验课程、自传、自传课程、自传方法
2016年	玛拉·莫里斯	《课程研究指南》	存在体验课程、自传、自传课程、自传方法

续 表

出版时间	作者/编者	图书名目	涉及主题
2017年	戴维·弗林德斯 斯蒂芬·桑顿	《课程研究读本》(第5版)	存在体验课程、自传、自传课程、自传方法、课程概念重建、理解课程
2018年	艾伦·奥恩斯坦 弗朗西斯·亨金斯	《课程:基础、原理与问题》(国际版)	存在体验课程、自传、自传课程、课程概念重建
2019年	克里斯汀·赫伯特	《课程研究国际化》	自传、自传叙事、自传体验、存在体验课程、概念重建运动

顾名思义,自传课程理论围绕自传课程来展开研究,与之相关的重要术语包括自传(Autobiography)、自我(Self)、存在体验(Lived Experience)、存在体验课程(Currere)、课程概念重建(Curriculum Reconceptualization)、生活史(Life History)、身份认同(Identity)等。简言之,自传课程理论家已发展出一套自洽的专业话语体系来阐述其学说主张,极大地丰富了课程研究的理论话语。随着自传课程理论的传播,这些术语也逐渐被其他课程理论流派所吸纳,与不同理论视角下的课程话语展开了互动会话。

自传课程关键词图示

例如，后现代课程理论的代表人物小威廉姆·多尔（William E. Doll, Jr., 1931—2017）基于后现代哲学来阐述"课程是什么"时，选用了5个字母C开头的词语，提出了"5C"课程观，即：课程是存在体验课程（Currere）、课程是复杂系统（Complexity）、课程是宇宙论（Cosmology）、课程是会话（Conversation）和课程是共同体（Community）。其中，"课程是存在体验课程"（Curriculum as Currere）显然是借用了派纳的观点。在论述"课程是存在体验课程"时，多尔开门见山地写道："如果我们严肃对待杜威所说的'儿童与课程'处于并实际上'决定一个单一的过程'，以及这个过程是转化的过程的话，那么我相信除了在动词意义上来审思课程、将课程视为存在体验课程之外，我们别无选择。这种从课程是名词（curriculum as a noun）到课程是动词（curriculum as a verb）的转变，拓宽了课程一词的含义。"① 又如，美学课程理论的重要研究者丽塔·欧文（Rita Irwin）创造性地提出了"艺游志"（A/r/tography）理论并以此为框架来研究学校美育课程教学问题。欧文倡导的"艺游志"方法就包含了自传方法，同时她还引用派纳的观点来阐述"艺游志"的学习观："学习与一种生活课程（a living curriculum）有关，是对存在体验课程的理解。"②

此外，还有研究者从比较课程论的视角来探讨自传课程理论的

---

① William E. Doll, Jr. & Noel Gough Curriculum Visions[M]. New York: Peter Lang, 2002: 42-43.
  引文参考小威廉姆·多尔主编的《课程愿景》一书的中译本，教育科学出版社2008年出版，第48页。

② Mindy R. Carter. Arts Education and Curriculum Studies: The Contributions of Rita L. Irwin[M]. New York: Routledge, 2017: 153.
  丽塔·欧文曾担任国际美术教育学会主席、《国际美术教育》杂志主编。A/r/tography简称A/R/T，其中A指艺术家（Artist），R指研究者（Researcher），T指教师（Teacher），ography指用文字、图画或影像的方式来呈现个体的艺术体验过程和结果。A/r/tography强调作为美育工作者的艺术家、研究者与教师的三位一体，主要表现为生活探究，目的在于反思生命，增进对自我、他人与社会的理解。

国际性意义。例如,特罗·奥托(Tero Autio)先后将存在体验课程作为北美课程研究的代表性论述与德国的"大教学论"(Didaktik)及"教化"(Bildung)理智传统作比较。① 张华教授(2004)曾比较了儒学课程智慧与自传课程理论,认为二者有异曲同工之妙,都是"把课程领域从日益膨胀的技术理性和功利主义中救渡出来的一条途径"②。王婉莹博士(2020)在其著作中综合了存在体验课程与王阳明的"革心"、"致良知"学说,提出要发展"中国的存在体验课程"(Chinese Currere),她指出:"中国的存在体验课程"这一概念的核心是"调和"(Attunement),即在融通东西方思想的基础上,着重探查复杂情境下主体的教育体验与身份认同建构。③ 笔者(2015,2018)也曾比较分析了我国传统课程智慧与自传课程理论的异同,指出二者有主旨相近的一面:

> 自传课程理论与我国儒家课程智慧、道家课程智慧和佛学课程智慧三家合一的传统课程智慧内在相契,它们都表现为一元论的主体思维,都强调个体的生命价值,都指向个体自我的内在超越。具体言之,首先,自传课程理论强调自我反思与儒家课程智慧主张"吾日三省吾身""君子博学而日参省乎己"的内涵相近,并且二者课程知识观的基础都是本体体验型的存在认知。其次,自传课程理论主张通过潜意识精神分析来反思自我的方法与道家的"静观""玄览"相近,二者都注重直觉省思和自我反观;自传课程理论中的核心概念"Currere"与道家哲学中的核心

---

① 参见奥托著作《主体性、课程与社会》(*Subjectivity, Curriculum, and Society*)及论文《课程研究的国际化》("The Internationalization of Curriculum Research")。
② 张华.走向儒学课程观[J].全球教育展望,2004(10):37.
③ Wanying Wang. Chinese Currere, Subjective Reconstruction, and Attunement[M]. New York:Palgrave Macmillan, 2020:121-124.

概念"游"意蕴相通,之于课程领域,二者都意味着"课程即内在的精神之旅"。再次,自传课程理论强调个体自我体认和自我确证与佛学课程智慧主张的"各自观心,自见本性"主旨一致,都是为了彰显个体的自性;此外,二者都主张将知识学习与个人的自我澄明相结合,将知识转化为觉解自我的智慧。①

二、为什么研究自传课程

尽管自传课程这一理论概念是派纳早年走向课程理论化（Curriculum Theorizing）的尝试成果——他当时主张课程研究者要同实践保持必要的理智距离,以便产生足够的课程理论②,然而,建于多学科理论基础之上的自传课程理论本身却不是一种"纯理论"。派纳最先是从方法层面入手来阐述其课程主张的,从而使得自传课程理论的概念虽有些抽象,但在事实上具有明显的实践意味。派纳及其追随者在自己的课堂教学中也应用了自传方法,而后不断加以反思、改进直至成型。在自传课程理论的进一步传播过程中,也有很多

---

① 冯加渔.儿童自传课程论[M].济南:山东教育出版社,2018:240-241.
此外,笔者也指明了自传课程理论与我国传统课程智慧的差异:自传课程理论所说的主体性是人本主义哲学框架内的主体性,儒家课程智慧所说的主体性是一种"道德主体性",主体问题与道德问题合二为一。自传课程理论主张的自我反思更主要是一种意识流的运思;儒家课程智慧主张的自我反思指向个体修身,讲究"吾日三省吾身",并且这种修身是为了道德的养成,如"见贤思齐,见不贤而自省"。尽管自传课程理论与我国传统课程智慧都讲求个体自我的内在超越,但是我国传统课程智慧的境界远超于自传课程理论。我国传统课程智慧特别是儒家课程智慧主张人通过自我超越体证"天道",最终指向"天人合一"。正是因为"天人合一"式"天地境界"的阙如,自传课程理论在实践中也有所疏漏,突出表现为忽略了对"自然"的观照。(具体论述参见拙著《儿童自传课程论》,山东教育出版社2018年出版,第192—205页与第237—241页。)

② [美]威廉·派纳.自传、政治与性别[M].陈雨亭等译,北京:教育科学出版社,2007:75.

教育工作者将其付诸实践。因此,确切地说,自传课程理论可谓一种"实践中的理论"(theory in practice)——从理论取径来推动课程实践的改革。与其说派纳反对实践指导,毋宁说他反对技术理性的实践指导,反对理论研究者不假思索地附和现实,作为技术能手来被动地开展所谓服务实践的工作。派纳曾论述了课程理论家如何有效参与学校课程改革的方式:

> 如果我们能够教育我们在学校里奋斗的同事,能够与他们交朋友,构建理论领域和实践领域之间的桥梁,创造通道以便自由返还,如果他们在行进过程中有所拓宽、深化和生动化,那么我们理论家就可以微妙、敏锐地参与到学校改革中。毕竟,作为一个理论家并不意味着置身事外或束手无策。作为一个理论家也不意味着在日常实践方面成为一个无欲无求者。它不意味着我们不能在学校里大有作为,不能提供建议和帮助。然而,成为一个理论家确实意味着当代课程组织和它要求的认知方式可以被悬置,被置于历史、政治和我们自身之中。这样的理论可以允许我们以这样一种方式参与学校的改革,即并不使现在具体化,而是允许我们的劳动和理解起到如那些在精神分析中的人所起的作用,来扩大参与者的理解并且深化他们的理智。……摆脱了课堂束缚的理论并非一种奇异现象,它类似于科学中基础研究的概念。那种坚持教育院系中任何理智活动都需与学校改革相联系的观点本身必须要受到批判,必须要加以历史地理解。一个扩大的和深化的课程领域方能支持一个更明智和更深化的实践领域。①

---

① [美]威廉·派纳.自传、政治与性别[M].陈雨亭等译,北京:教育科学出版社,2007:202-203.(译文基于英文原文略有调整。)

从上述引文可以看出,派纳更推崇理论研究者引领实践改革——引领一线教师深化思考并自主参与实践改革工作,而非让理论研究者单纯服务于实践需要——既不引领教师展开理论反思,也不激发教师自身参与实践改革。换言之,派纳认同的理论研究者的角色是实践工作者的"引路人"而非"勤务员"。在课程开发范式的主导下,传统的理论研究者以"泰勒原理"为凭仗,被动地为一线学校和教师提供课程开发服务,实质上并没有促进一线教师的理论深化,并且还在某种程度上代替教师思考,因此才被派纳所批判。与之相对,派纳构建的自传课程理论着重发挥教师和学生作为课程主体自身的作用,通过课程主体自我的反思性实践来进行转化课程。在此过程中,教师和学生的主体意识被激活,主体反思与行动能力也得到增强,最终促使教师和学生通过自我对主体性的追寻及确立实现自我的解放。并且,这种自我的解放并非抽象也非梦幻,而是具体体现在每一个活生生存在着的教师和学生身上,因为自传课程即是每一个生命个体亲身经历和建构的体验课程,是一个自我动态转化的持续过程,由此,个体发现了自我、理解了自我并重建着自我,最终实现自我的超越。但也需承认的是,在种种制度的重重规约下,教师和学生某种程度上常常处于茫然失语的状态,并不总是能够率先自我觉醒,而是需要他者的启发激活。在此情形下,课程理论家可以适时介入,引领他们走上自我觉醒之路。简言之,派纳所认同的课程理论家亦即唐纳德·舍恩(Donald Schon,1930—1997)所形容的"反思性实践家",而非"技术性实践者","反思性实践家的实践不是现成的原理与技术的运用领域,而是通过这种经验与反思形成实践性知识与学识并且发挥作用的领域。这种实践过程中的认识与反思,从某种意义上说是经验的概括化,相当于以往一般称呼的'实践的理论化'"[①]。

---

① [日]佐藤学. 课程与教师[M]. 钟启泉译,北京:教育科学出版社,2003:243.

导论

  如前所述,自传课程带有鲜明的个人化色彩,通过自传反思,课程转化为个体的生命履历与存在体验。研究自传课程之于我本人,也同样具有澄明个人生命履历与存在体验的真切意义。犹记当年"读研"时在导师的指点下研读派纳等人撰写的《理解课程》这部书,我第一次际遇了自传课程理论,迄今已有十年光景。只是当年我并没有料想到,自己今后会与这种看起来"很有意思""很特别"的理论产生频繁而又紧密的交集。"读博"阶段,我在导师的指点下更深入地理解自传课程理论,并以此作为博士论文的研究主题,而后又在导师的推荐下得以跟随派纳留学研习,近距离地向他请教自传课程理论的要旨。待到如今工作之时,我在自己任教的《课程论》《课程与教学论》等课程的课堂上也时时采用自传课程方法,借此来引导学生在个体反思中更深刻地理解"课程"与自我。概而言之,自传课程研究之于我本人是一种追溯个人学术之旅、探寻反思自己作为"课程人"成长体验的自我研究。

  更重要的是,自传课程研究也具有重要的学术研究意义。从理论研究层面来看,自1918年课程研究作为一个独立的研究领域诞生以来,迄今已逾百年,其中历经多次研究转型,产生了诸多课程理论流派。通过研究自传课程理论,阐述这一课程理论流派的学说主张,探讨其由来原因和形成背景,可以揭示课程研究从课程开发范式到课程理解范式、从现代课程研究范式到后现代课程研究范式转型的发展脉络,以期为当今人本主义课程理论新学说、新流派的发展提供启示。

  再者,如前所述,自传课程理论是一种"实践中的理论",开展自传课程研究也具有观照实践的现实考量意义。当前,我国基础教育课程改革已步入深水区,面临着诸多新问题和挑战。如何实现"为了中华民族的复兴,为了每位学生的发展"这一课程改革的宏大宗旨,除了需要教育一线切实的实践创新,也需要理论研究者的理念革新。

谈及课程改革,多尔曾说:"如果课程必须是改革性的——是改变个人经验的质量的——那么,我和杜威都认为,课程必须始于个体。"[①]推而论之,"为了每位学生的发展"即意味着从每位学生的实情出发,为每位学生提供适切的课程——这虽是暂不可及的理想,却是努力行进的方向。自传课程着眼于具体的生命个体的存在体验,旨在促进他们的自我解放,其主旨契合了以人为本的时代发展要求,也契合了我国基础教育课程改革的核心理念,因此其理念与方法能够转化应用于学校课程实践当中,以期推动学校课程的进一步改革。

回首我国课程论研究历程,其在20世纪初期的发端主要缘于"西学东渐",当时的教育界先驱如张师竹、经亨颐、舒新城、俞子夷等人迻译引介西方课程理论用以指导中小学课程改革;而后,又有方德厚、杜殿坤、赵维贤、张定璋等先生迻译引介苏联教学理论用以指导中小学课程改革。时至今日,我国课程论研究经历着从异域移植借鉴到本土自觉探索的发展阶段,如何建构我国本土的课程理论体系是关乎我国课程未来发展方向和前途的重大课题。对此,有研究者指出:"建构中国特色课程理论,必须要有中国概念,要有能够对世界课程理论发展史作出贡献的中国声音。……总之,中国特色课程理论要走自己的建构之路,变'中话西说'为'中话中说',并向世界讲述中国故事,就要求课程理论建构主体要自觉加强反思意识,重视课程理论的文化品性,加强不同课程理论之间的对话,以实现彼此之间的和谐共生。"[②]自传课程理论作为一种原创性课程,其在核心概念、理论品性与方法运用方面都有所创新,对当代中国课程学人尝试建构本土课程理论、参与国际课程理论研究对话、讲述中国课程研究故事具有重要的启发意义。

---

① [美]小威廉姆·E.多尔.课程愿景[M].张文军等译,北京:教育科学出版社,2008:48-49.
② 杨柳,罗生全.中国特色课程理论的文化学建构[J].中国教育科学,2019(6):64-65.

第一章 自传与课程研究

就"自传课程研究"这一论题而言,文学领域的"自传"何以能够与教育学领域的"课程研究"关联到一起从而构成"自传课程研究",无疑是有待回应的首要研究问题。然而,这并非仅通过直译引用课程理论创建者的相关话语就能加以解决的。按照著名文化学者爱德华·沃第尔·萨义德(Edward Waefie Said,1935—2003)提出的"理论旅行"(Travelling Theory)主张,"正像人们和批评学派一样,各种观念和理论也在人与人、境域与境域以及时代与时代之间旅行"①。当一种理论旅行到新的环境,"就在一个新的时空里由它的新用途、新位置使之发生某种程度的改变了"②。基于此,自传课程理论在我国的传播,即相当于自传课程理论的一次旅行,而自传课程理论也会在"理论旅行"过程中亦即派纳所说的"课程研究国际化"(internationalization of curriculum studies)的过程中发生着某种改变。在此情形下,引介并实践源自异域的自传课程理论,除了需要清晰描述其学说原貌外,也需要结合本土文化语境进行在地化阐释,唯此才能保证它的转化适应性与可传播性。简言之,极有必要从东西方文化语境融合的视域中来分析自传与课程研

---

① [美]萨义德.世界·文本·批评家[M].北京:生活·读书·新知三联书店,2009:400.
② [美]萨义德.世界·文本·批评家[M].北京:生活·读书·新知三联书店,2009:400.

究的渊源。

一、自传的基本意涵

(一) 自传的语义考释

从词源学来分析,无论是在东方文化语境还是西方文化语境中,"自传"的原初含义都趋于一致,都是指作者通过写作记述自己的生平经历。[①]在我国,"自传"一词很早就被使用,其词源始见于唐代中叶。例如,公元761年,"茶圣"陆羽在临近而立之年为自己作传,写有《陆文学自传》,追忆了自己的坎坷成长经历;又如,公元842年,大文学家刘禹锡在逝世前夕写有《子刘子自传》,着重记述了自己的宦海沉浮生涯。然而,在英语中,"自传"对应的"autobiography"一词直到18世纪晚期才出现。1797年,"autobiography"出现在英国的文学杂志《每月评论》(*Monthly Review*)的一篇匿名文章中。其后,英国著名诗人罗伯特·骚塞(Robert Southey,1774—1843)在1809年第一次实名使用了"autobiography"这个词。与此同时,它的同义词"self-biography"也多次出现在作家伊萨克·迪斯雷利(Isaac D'Israeli,1766—1848)的作品中。此外,"autobiography"的其他相关词形如"autobiographical"(自传的、自传体的)和"autobiographer"(自传作者、传主)也先后出现在同一时期的文学家们的作品中。[②]

---

① 冯加渔. 儿童自传课程论[M]. 济南:山东教育出版社,2018:8.
② Robert Folkenflik. The Culture of Autobiography [M]. Stanford:Stanford University Press,1993:1.
  美国政治家本杰明·富兰克林(Benjamin Franklin,1766—1848)于1771—1790年间撰写的自传作品是英语自传文学的开山之作。然而,富兰克林生前并未将其命名为"自传"(autobiography)进行出版。现在通行的定名为《自传》(*Autobiography*)的这本书,实为后世出版商对富兰克林生前撰写的一系列有关其本人生平经历的手稿的结集,最早于1868年被手稿持有人约翰·毕格罗(John Bigelow,1817—1911)取名为"Autobiography"在美国出版。简言之,富兰克林在撰写自传时,英语世界中的"自传"(autobiography)一词尚未出现。

第一章　自传与课程研究

随着时代的发展,"自传"逐渐摆脱了偶然的、随意的用法而发展成型,成为一种文学体裁。作为一种文学体裁,自传是一个复杂的、模糊的以及不稳定的类别。例如,有学者认为:自传是一种特殊形式的传记,即是指"以第一或第三人称来叙述自己的生平经历和著作等(的传记文)"①。也有人认为:"自传不仅仅是个体人生历史的坦率的记录,而且是文化观念、个人情感、写作技巧、自我想象、修辞手法以及自我表现的共同体。"②因此,尽管"自传"一词的字面含义十分明确,但在实际运用中却显得极为混乱。由于观察的视角不同,何为自传对一个观察者而言,可能是文学或历史又或是哲学及心理学的问题,而对于另一个观察者而言,则可能是社会学或形而上学的问题。迄今为止,学界对"自传"的界定各执一词,尚未形成一个公认的明确概念,以至于有学者感叹:"给自传下一个明确的定义和例如给'巴洛克'这样的类别下一个定义几乎同样困难。"③概而言之,通过综合各种界定,可以粗略归纳出以下几种主要观点:

1. 所有的叙述在某种程度上都具有自传性质,因为它总是作者的个人自我陈述,反映着个人的内在心声并蕴含着个人的思想观点。"无论他选择哪种体裁,戏剧也好,叙事诗也好,抒情诗也罢,自传也罢,他总要不自觉地把他的'自我'作为媒介和中心写进任何一部作品里去,在任何一种叙述中他首先描述的都是他自己。"④因此,可以说,"一切作品都是自传"。正是在此意义上,郁达夫才认为:"所有

---

① 夏征农,陈至立.辞海(第六版彩图本)[Z].上海:上海辞书出版社,2009:3070.
② 袁雪生,古晓峰.追求诗性与真实的统———论自传中的自我书写问题[J].社会科学家,2008(1):146.
③ [法]菲利普·勒热讷.自传契约[M].杨国政译,北京:三联书店,2001:1.
④ [奥]斯台芬·茨威格.描述自我的三作家[M].关惠文译,北京:华夏出版社,2004:2.

的文学作品,都是作家的自传。"①而米歇尔·福柯(Michel Foucault,1926—1984)也认同这种观点,他曾谈道:"我写的书,每一本都是(至少部分地是)某种直接的个人体验的产物……我的每一部作品都我的自传的一部分。"②显然,这种理解是"自传"最为宽泛的含义。基于此种认识,自传包括作者的全部作品,任何作品都不例外——既包括以作者个人真实生活经历为素材创作而成的作品,也包括作者完全通过虚构与想象而成的作品。

2. 只有作者自我真实生活经历的叙述才具有自传性质。这就意味着,只有当作品的作者、叙述者和主人公是三位一体的同在,此作品才属于自传。依照此判断标准,自传仅包括日记、书信、回忆录和叙事随笔等直接刻画和描述自己生平经历的作品,是作者基于个人确切生平经历的真实叙述,没有任何杜撰成分。简言之,这种理解突出强调了"自传之'自'的反照功能和自传之'传'的真实性",并排除了虚构因素的存在。

3. 以作者个人真实生活经历为基本素材,再经由艺术加工处理而创作的作品具有自传性质。在此类作品中,作者与主人公不必为同一存在,主人公可以是作者的化身与投影。

通常所提及的自传体小说(autobiographical fiction)即是这类作品的典型代表。自传体小说的主人公与作者有极大的相似性,评论家往往会查证历史资料,试图对作品中的人物与事件和历史事实进行对号入座。"作者本人也希望读者采取这种阅读态度,而读者一旦

---

① [日]川合康三. 中国的自传文学[M]. 蔡毅译,北京:中央编译出版社 1999:7.
郁达夫曾在其著作《过去集》序言中提及:"艺术品都是艺术家的自叙传。"一般认为,他的说法是对法国作家阿纳托尔·法朗士(Anatole France,1844—1924)的观点"所有的小说,细想起来都是自传"的引申。

② Michel Foucault, Luther H. Martin, Huck Gutman & Patrick H. Hutton (eds.). Technologies of the Self[M]. Amherst: University of Massachusetts Press, 1988:11.

进行对号入座,作者又往往矢口否认。"① 例如《大卫·科波菲尔》是19世纪英国批判现实主义大师查尔斯·狄更斯(Charles Dickens,1812—1870)的代表著作。在这部具有强烈的自传色彩的小说里,作者借助描述小说主人公大卫·科波菲尔的成长历史和经验,回顾和总结了自己的生活历程,由此反映了作者本人的人生哲学和理想。"这部小说中有许多查尔斯·狄更斯的'自我',所以虽然狄更斯反对人们把这本书说成他的自传,而研究狄更斯的学者仍将其作为主要资料来源。"②

4. 只有作者本人撰写的关于自己生平经历的传记作品才是自传。法国著名自传史学家菲利浦·勒热讷(Philippe Lejeune,1938—)就秉持这种观点,他认为:"当某个人主要强调他的个人生活,尤其是他的个性历史时,我们把这个人用散文体写成的回顾性叙事称作自传。"③ 奥地利著名传记文学家斯台芬·茨威格(Stefan Zweig,1881—1942)则将"自传"定义为"特有的'我'的内容全面的叙事文学作品"④。显然,这种观点是对自传最狭义的理解。基于此,只有以第一人称叙述并且以回顾性视角对个人真实生活经历进行叙述的散文体传记作品才是自传;它将日记、随笔、自画像、自传体小说、回忆录、口述史等都排除在外。

纵观世界文学史,自传作品的出现要早于"自传"术语的使用。在我国,西汉时期伟大的史学家、文学家司马迁在其著作《史记》中所作的关于家学渊源及个人成长经历的《太史公自序》即"具有自传的

---

① [法]菲利浦·勒热讷.自传契约[M].杨国政译,北京:三联书店,2001:2-3.
② [英]查尔斯·狄更斯.大卫·科波菲尔(上)[M].石定乐等译,长沙:湖南文艺出版社,1997:代译序.
③ [法]菲利浦·勒热讷.自传契约[M].杨国政译,北京:三联书店,2001:3.
④ [奥]斯台芬·茨威格.描述自我的三作家[M].关惠文译,北京:华夏出版社,2004:3.

自传的含义归纳

	基本含义	作品形式	定义域
1.	个人所有的叙述皆是自传。	个人的全部作品	广义 ↓ 狭义
2.	作者本人真实生活经历的叙述是自传。	日记、书信、回忆录、叙事随笔等	
3.	以作者本人真实生活经历为基本素材,再经由艺术加工处理而创作的作品是自传。	自传体小说 自传体诗歌 自传体散文等	
4.	只有作者本人撰写的关于自己生平经历的传记才是自传。	作者自写的传记	

性质,被认为是自传之始"①。此外,王充的《论衡·自纪篇》、曹操的《让县自明本志令》、陶渊明的《五柳先生传》、刘知幾的《自叙》、白居易的《醉吟先生传》、欧阳修的《六一居士传》等作品实际上都是作者的自传。而在西方文学发展史上,古罗马时期的基督教神学家奥勒留·奥古斯丁(Auzelius Augustine,354—430)撰写的反映自我心路历程的著作《忏悔录》(*Confessions*)被公认是"西方第一部自传名著"②。即便是从狭义的以"自传"为名的作品问世时间来看,自传在我国的出现历史也要早于西方国家。例如,我国唐代文学家陆羽著有《陆文学自传》,刘禹锡著有《子刘子自传》;而西方严格意义上的自传则是在近代才开始出现。根据法国年鉴学派历史学家的考证,"真正自由书写的自传直到近代以后才出现,先是一种自我叙述的体裁,最后,自传才从历史以及忏悔录中分离出来"③。

自传文学体裁并非突然显现出来的,而是从其他叙述形式演变

---

① 王力.中国古代文学词典(第三卷)[Z].南宁:广西教育出版社,1989:1184.
② 一般认为,奥古斯丁的《忏悔录》是西方历史上第一部自传作品,卢梭的《忏悔录》是第一部现代自传作品。
③ [法]菲利普·阿利埃斯.私人生活史(第2卷)[M].宋微微等译,北京:北方文艺出版社,2007:472.

而成。简言之,自传是人个体意识觉醒的产物。考察自传作品,"如果说司马迁的《太史公自序》出自非写不可的、切实的、特殊的个人体验,那么王充的《自纪篇》就可以说是一个普通人在没有任何外在事件压迫的情况下,只是因为内在的情感驱使、不吐不快而写成的最早的自传。这种内在的、不吐不快的写作动机,就是上述与周围世界的相违,以及由此产生的自我的觉醒"①。而就奥古斯丁的《忏悔录》而言,它实质上是"一个自我反思的人在追问'我是谁'和'过去的我是如何变成现在的我'"②。显然,正是源于自我身份意识的觉知,自传作者才提笔记述自己的生平事迹与内心感想体验,借此来表现自我的存在,从为他人写作转向为自己写作。

法国文艺复兴时期人文主义思想家米歇尔·德·蒙田(Michel de Montaigne,1533—1592)在其《随笔集》中审视了自己一生的经验与思考。"蒙田在《随笔集》中的一个重要话题,就是不断地来省察自己,省察自己的生活状况,省察自己的身体活动与精神活动,以及省察自己的身体活动与精神活动之间的关系。"③在对自我进行省察时,蒙田直言不讳:"从我身上可以找到所有矛盾……羞怯,蛮横;贞洁,淫荡;健谈,寡言;坚强,纤弱;聪明,愚鲁;暴戾,和蔼;撒谎,诚实;博学,无知;慷慨,吝啬又奢侈:所有这些,我都在自己身上或多或少地看到,就看我偏向哪方……关于我自己,我不能讲任何绝对、简单和坚实的话。这样讲时,我不能不感到混乱和混杂,也不能一言以蔽之。"④及至自传作品广为兴起的18世纪末期,此时正处于启蒙思想深入人心的时代,肇始于18世纪初期的启蒙运动承继了文艺复兴人文主义的核心思想,在讴歌人的自然性的同时更加强调人的主体性,

---

① [日]川合康三.中国的自传文学[M].蔡毅译,北京:中央编译出版社,1999:29.
② Linda Anderson. Autobiography[M]. London: Routledge Press, 2007:19.
③ [法]蒙田.蒙田随笔集[M].潘丽珍等译,西安:陕西师范大学出版社,2003:6.
④ [法]蒙田.蒙田随笔集[M].潘丽珍等译,西安:陕西师范大学出版社,2003:8.

从而促进自由人性的解放。"启蒙运动就是人类脱离自己所加之于自己的不成熟状态。不成熟状态就是不经别人的引导,就对运用自己的理智无能为力。"①启蒙思想家们倡导的人性论着眼于人的自我,认为"人不是他人的工具,而是自身的目的",因此,启蒙时代在某种程度上也是"自我意识的时代"。正是在这种高扬人性的文化背景中,指向自我、"以自我为中心"的自传应运而生。它不仅顺应个人价值的发现的时代思潮,更契合个人想要认识自我的内在欲求。例如,让-雅克·卢梭(Jean-Jacques Rousseau,1712—1778)在《忏悔录》开篇提到他的忏悔可以作为"关于人的研究"的参考材料,并澄明了自传写作的个体性基调:"我现在要做一项既无先例、将来也不会有人仿效的艰巨工作。我要把一个人的真实面目赤裸裸地揭露在世人面前。这个人就是我。"②

(二)自传的内涵特征

1. 个体性:自我的叙事

究其实质,自传是一种个人化叙述,是个体基于自身视角对本人生活历史的自我叙事。个体在自传中重述了自身的生命经验。"在经验中,所探询的是个体性;当获得了某些个体性时,更多的个体性

---

① [德]康德.历史理性批判文集[M].何兆武译,北京:商务印书馆,1996:22.
② [法]卢梭.忏悔录[M].李平沤译,北京:商务印书馆,1986:1.
  卢梭在《忏悔录》第一章中放言:"不管末日审判的号角什么时候吹响,我都敢拿着这本书走到至高无上的审判者面前,果敢地大声说:请看!这就是我所做过的,这就是我所想过的,我当时就是那样的人。不论善和恶,我都同样坦率地写了出来。我既没有隐瞒丝毫坏事,也没有增添任何好事;假如在某些地方作了一些无关紧要的修饰,那也只是用来填补我记性不好而留下的空白。其中可能把自己以为是真的东西当真的说了,但绝没有把明知是假的硬说成真的。当时我是什么样的人,我就写成什么样的人:当时我是卑鄙龌龊的,就写我的卑鄙龌龊;当时我是善良忠厚、道德高尚的,就写我的善良忠厚和道德高尚。"这表明了卢梭对自我的整体肯定,尽管他借用的是忏悔否定的表达形式。

第一章　自传与课程研究

又需要探询;只有获得了具有无限个体性的观念,才会获得完满状态。"① 因此,自传表现出十分突出的个体性特征。事实上,个体性是自传的首要特征,它是人作为生命存在所具有的个体性的投射。每一个个体都是独一无二的生命存在,都有着独特的人格特性与个性化的成长体验。当个体在创作自传时,他们独特的生活经历及内在体验得以呈现,他们的生命个体性也随之反映在自传中。因此,自传不仅是生活经历的自我呈现,更是生命个体性的自我彰显。自传的个体性特征主要表现在两个方面:一是叙事内容的个体性,即自传主要讲述作者个人独特的生活经历,"由一个个具体的偶在个体的生活事件构成"②;二是叙事风格的个体性,即自传作者主要以私人化的语言风格来叙述个人独特的生活经历。

如前所述,自传是作者自身生活经历的回顾性叙事,"它强调的是他(作者)的个人生活,尤其是他(作者)的个性历史"③。简言之,自传既是作者生活经历的历史记录,也是作者的自画像。例如就西方第一部自传作品而言,基督教神学家奥古斯丁在其著作《忏悔录》中剖析了自己从出生至三十三岁母亲病逝的生活历史及思想状况,并对此进行了虔诚的忏悔,以期获得自我的救赎与宗教的启示。通过《忏悔录》,读者能清楚地了解到奥古斯丁在童年期、青年期和成年期的独一无二的生活概况和心路历程,而这正是得益于作者创作自

---

① [英]迈克尔·奥克肖特.经验及其模式[M].吴玉军译,北京:文津出版社,2005:44.
② 刘小枫.沉重的肉身[M].北京:华夏出版社,2007:6.
　　刘小枫认为,现代的叙事伦理有两种:人民伦理的大叙事和自由伦理的个体叙事。在人民伦理的大叙事中,历史的沉重脚步夹带个人生命,叙事呢喃看起来围绕个人命运,实际让民族、国家、历史目的变得比个人命运更为重要。自由伦理的个体叙事只是个体生命的叹息或想象,是某一个人活过的生命痕迹或经历的人生变故。自由伦理不是由某些历史圣哲设立的戒律或某个国家化的道德宪法设定的生存规范构成的,而是由一个个具体的偶在个体的生活事件构成的。基于此种论断,儿童自传即是一种自由伦理的个体叙事,表现出很强的个体性特征。
③ [法]菲利普·勒热讷.自传契约[M].杨国政译,北京:三联书店,2001:201.

传时蕴含着的个体性。奥古斯丁曾直白地描述了自己昔日做过的"种种恶业"与"荒谬绝伦的勾当",将个人罪愆暴露在世人面前:

> 由于我耽于嬉游,欢喜看戏,看了又急于依样葫芦去模仿,撒了无数的谎,欺骗伴读的家人,欺骗教师与父母,甚至连那些称道我的人也讨厌我。我还从父母的伙食间中,从餐桌上偷东西吃,以满足我口腹之欲,或以此收买其他儿童从事彼此都喜爱的游戏。在游戏中,我甚至挟持了求胜的虚荣心,往往占夺了欺骗的胜利。但假如我发现别人用此伎俩,那我绝不容忍,便疾言厉色地重重责备,相反,我若被人发觉而向我交涉时,却宁愿饱以老拳,不肯退让。
>
> ……
>
> 我从十九岁到二十八岁,九年之久,沉溺于种种恶业之中,自惑惑人,自欺欺人,公开是教授所谓"自由学术",暗中则使用虚伪的宗教幌子,前者是出于骄傲,后者则由于迷信,而二者都是虚妄。我一面追求群众的渺茫名誉,甚至剧场中的喝彩、诗歌竞赛中柴草般的花冠、无聊的戏剧和猖狂的情欲,而另一面却企图澡雪这些污秽:我供应那些所谓'优秀分子'和'圣人们'饮食,想从他们的肚子里炮制出天使和神道来解救我们。我和那些受我欺骗或同我一起受人欺骗的朋友们从事于这种荒谬绝伦的勾当。①

无独有偶,卢梭在其被誉为"西方近代第一部自传作品"的著作《忏悔录》中也叙述了自己在儿童时代撒谎骗人、小偷小摸、在邻居家的锅里撒尿等诸多事迹。此外,我国现代文学大师沈从文在其自传

---

① [古罗马]奥古斯丁.忏悔录[M].周士良译,北京:商务印书馆,2010:201.

第一章 自传与课程研究

中也写过童年时代的往事：

> 我在做孩子的时代，原本也不是个全不知自重的小孩子。我并不愚蠢。当时在一班表兄弟中和弟兄中，似乎只有我那个哥哥比我聪明，我却比其他一切孩子懂事。但自从那表哥教会我逃学后，我便成为毫不自重的人了。在各样教训各样方法管束下，我不欢喜读书的性情，从塾师方面，从家庭方面，从亲戚方面，莫不对于我感觉得无多希望。我的长处到那时只是种种的说谎。我非从学塾逃到外面空气下不可，逃学过后又得逃避处罚。我最先所学，同时拿来致用的，也就是根据各种经验来制作各种谎话。我的心总得为一种新鲜声音，新鲜颜色，新鲜气味而跳。我得认识本人生活以外的生活。我的智慧应当从直接生活上吸收消化，却不须从一本好书一句好话上学来。似乎就只这样一个原因，我在学塾中，逃学记录点数，在当时便比任何一人都高。①

在自传中，个体通常会记述自身成长过程中的经历。这些经历或许对读者而言是微不足道的零碎琐事，但就作者而言却是极具影响意义的重要事件。值得注意的是，当个体在自传中记述某件事情时，其本人实际上已经做出了考量——因为个体无时无刻不在经历生活，也由此遭遇了许许多多的事件。这种考量更多的是基于作者个人意义的理解而做出的个性化选择，从而导致了自传的个体性特征。自传的个体性特征在儿童的自传中表现得尤为突出。"儿童以他自己的感知和动作，乃至情感、想象、观念等为中心，从自己的视角或立场看待和理解周围世界中的一切，他没有也不能意识到需要从

---

① 沈从文.从文自传[M].南京：江苏人民出版社，2014：37.

另外一个角度或从多个角度,去观察、审视和对待外在的人、物、事,或者某种观念。"①换言之,儿童由于心智尚未发展成熟、社会化程度不高,因此更多的是从自然天性和个人意义的"为我"角度来思考问题,这就使得儿童自传极具个体意向性特征。例如,蒋方舟在九岁时出版的散文集《打开天窗》中讲述了自己亲身经历的家庭和学校生活故事并记录了自己童年期的成长体验。在一首题为《我不懂》的散文诗中,蒋方舟表达了作为儿童的自己对自我以及周遭生活世界的诸多困惑:

我不懂②

我不懂为什么妈妈不喜欢我的同学

我不懂为什么阿姨说我拉琴像杀鸡

我不懂为什么妈妈总是和爸爸睡

我不懂为什么妈妈老是骂我二百五

我不懂为什么上美术课时他们老说我喜欢小刚

我不懂为什么我不是世界上最美的人

我不懂为什么原来动动指头就可以得到的一百分现在离我越来越远了

我不懂为什么乞丐那么可怜还要活着

我不懂为什么爸爸看完早间新闻还要看午间新闻,看完午间新闻还要看新闻联播,看完新闻联播又要看湖北新闻,看完湖北新闻还要看襄樊新闻

我不懂到底是先有鸡还是先有蛋

我不懂蝴蝶和蝴蝶是怎样举行正式婚礼的

---

① 丁海东.儿童精神:一种人文的表达[M].北京:教育科学出版社,2009:67.
② 蒋方舟.打开天窗[M].武汉:长江文艺出版社,2000:122-123.

第一章　自传与课程研究

　　一些在他人看来并不成问题的现象在童年时代的蒋方舟这里却成了百思不得其解的困惑,这显然是因为个体差异所致,由此而来的叙事内容差异直观反映了叙事的个体性特征。此外,儿童在某些时候的个性化叙事风格也会致使其自传表现出浓郁的个体性特征。在目前已问世的儿童自传中,常见一些不符语法规范、"充满语病"的话语,这与其说是作者当时没有掌握精致语言编码,毋宁说是作者个性化体验的诗性表达。

　　2. 宇观性:时空的交织

　　人既是时间性的存在,也是空间性的存在。瑞士著名心理学家、存在分析心理学创始人之一梅达特·鲍斯(Medard Boss,1903—1990)曾指明,"存在的时间性""存在的空间性""存在的躯体性"是人的存在的基本特性。[①]自传是个体生命经验的叙事,而按照伊曼努尔·康德(Immanuel Kant,1724—1804)的观点,时间是我们的"内经验"形式,空间是我们的"外在经验"形式。[②]因此,时间与空间是理解自传的两大维度,自传即是个体经验的时空交织。从时间的维度来看,自传不仅回顾了个体过去已经经历过的生活,也描述了个体现在正在经历着的生活,还预表了个体未来希望经历的生活,即:个体在自传中借由对"过去的自我"的回顾而反思重建"现在的自我",最终指向"未来的自我",从而实现了自我发展在"过去—现在—未来"时间维度上的绵延。从空间的维度来看,自传不仅实现了从描述外部生活情境(outer situation)到探查个体内心世界(inner world)的视角转变,还创造出贯通社会公共生活领域与个体私人生活领域的"中介空间",即个体在自传中借由描述自我的内心体验而悬置外部生活情境所构成的表层公共世界,建构关注个体内部深层存在体验、指向个

[①] 孙平,郭本禹. 从精神分析到存在分析:鲍斯研究[M]. 福州:福建教育出版社,2011:93-97.
[②] [德]恩斯特·卡西尔. 人论[M]. 甘阳译,上海:上海译文出版社,1985:63.

人具体存在的私人生活世界,最终促使个体摆脱作为普遍意义上的类的共性存在的束缚,成为立足现实的独特的具象存在,从而实现自我发展的空间在场。

(1) 时间的绵延

人是时间性的生命存在,"生命历程是某种具有时间性的东西"①。人在时间中诞生,在时间中生长,在时间中栖居,在时间中延续,也在时间中消亡(狄尔泰时间之流)。因此,时间对于生命而言具有莫大的生存论意义:"在生命中包含着时间性作为其首要的范畴规定,它是所有其他范畴规定之基础。"②无论是亨利·柏格森(Henri Bergson,1859—1941),还是威廉·狄尔泰(Wilhelm Dilthey,1833—1911),抑或是马丁·海德格尔(Martin Heidegger,1889—1976),他们都无不关注生命存在的时间性意义。简言之,生命历程是某种具有时间性的连续体,是现在、过去和未来之间的关联。③自传是生命历程的记录,它必然也浸润着生命的时间性特征。进一步说,如果"我们的自传回忆都有一个内在的统一性",那么,这种内在的统一性即是指个体的生命自我在时间中连续、统一的发展。恰如自传作家伊莎贝尔·阿连德(Isabel Allende,1942—)所说:"我沉浸在各种回忆中,好像所有的事情都是同时发生的,我的全部生命也似乎是一个单一的、不可理解的意象。童年时期作为孩子和姑娘的那个我,现在作为妇人的我,以及将来变成老太太的那个我,都成了同一条河流。"④由此可见,生命自我是"在时间上延续的东西",是"内在时间的统一"。借助于这种统一,个体的体验不再杂乱无章,而是必然地

---

① [德] 威廉·狄尔泰.历史中的意义[M].艾彦译,南京:译林出版社,2011:40.
② [德] 狄尔泰.历史理性批判手稿[M].陈锋译,上海:上海译文出版社,2012:5.
③ [德] 威廉·狄尔泰.历史中的意义[M].艾彦译,南京:译林出版社,2011:40-41.
④ [美] 丹尼尔·夏克特.找寻逝去的自我[M].高申春译,长春:吉林人民出版社,2011:78.

第一章　自传与课程研究

具有先后的顺序以及同时性，必然地具有三重的"体验视域"：过去、现在与未来。①

从"过去"的"体验视域"来看，自传首先是个体生命成长的回忆录，是基于个体记忆的回顾性叙事，指向过去发生的历史。"我们的自传，亦即我们对自己生命历程的回顾，正产生于时间和记忆之间相互作用的动力过程。"②这即是说，自传是个体对过去某一时刻发生事件的记忆的再现，也是个体对已经发生过的生活经历和生命体验的重述，其所对应的叙事时态是过去时。简言之，自传即是个体的自传记忆（autobiographical memory），是个体对"过去的自我"的自画像。在众多流传的自传中，作者毫无例外地回忆了自己过往的生活故事和体验，对已经发生过的、记忆深刻的亲身经历进行了重述再现。例如，晚清"留美幼童"李恩富在其回忆录《我在中国的童年》中描述了当年他是如何从中国南方小镇踏上赴美留学之路的；作家王樟生在著作《流亡童年》中详述了幼时的自己在战时儿童保育院的生活纪实。

从"现在"的"体验视域"来看，自传尽管以过往的生活经历为叙事线索，但其中也包含着作者当下的成长体验。作者现在的体验被有意识或无意识地贯注到过去经历的自传当中，从而赋予了作为回顾性叙事的自传"现在时"的意义。"过去之物作为现在之中的力量，对现在的意义继续作用，将独特的在场特征传给被记忆之物，由此过去之物被包含进了现在。"③简言之，自传不仅是作者过往经历的记忆重述，也是作者当下体验的深层表征。"写忏悔录的作者以为是在回顾他的过去，但事实上他所描述出来的是这一过去在今日的

---

① 倪梁康.自识与反思[M].北京：商务印书馆，2002：437-438.
② [美] 丹尼尔·夏克特.找寻逝去的自我[M].高申春译，长春：吉林人民出版社，2011：62.
③ [德] 狄尔泰.历史理性批判手稿[M].陈锋译，上海：上海译文出版社，2012：6.

记忆。"①某种程度上,自传是个体的生活史,记录着生命成长历程的点滴痕迹。意大利著名历史学家贝奈戴托·克罗齐(Benedetto Croce,1866—1952)曾充满洞见地指出:"一切历史都是当代史。"他认为,一切历史都是当代人的重建与构念,因为过去只有和当前的视域相重合,才能为人所理解。没有当前的生命存在,就没有过去的历史记忆。因此,作为个体生活史的自传同样也蕴含着"现在时"的时间视域。

从"未来"的"体验视域"来看,自传中过去经历的重述预表着对未来生活的希望与想象。"时间和记忆是无法分割地在一起的,记忆一方面指向过去,另一方面也塑造未来。"②因此,自传作为基于生命记忆的回顾性叙事,在指向过去的同时,也预表着未来。"消亡的过去在我们身心中有一种未来,即生气勃勃的形象的未来,向任何重新找到的形象展开的梦想的未来。"③同时,尽管人总是生活在现在之中,然而"在生命中,现在独自包含记忆中之表象和在想象中追随其可能性的未来之表象,并在这些可能的积极性中为自己设立目标。这样,现在就为过去所充满,并且在自身中承载未来"④。

概而言之,"时间性就是绽出本身。时间性以持守着来到自身的方式绽出就是将来,以重演自身的方式绽出就是曾在,以让世内存在者存在的方式绽出就是当下"⑤。作为个体生命存在的时间性叙事的自传实现了过去、现在与未来的相互联系和体验视域融合,反映了个体经验时间之流的绵延。"所谓绵延,不过是过去的连续进展。过

---

① [法]卢梭.忏悔录(第二部)[M].范希衡译,北京:商务印书馆,1997:826.
② [美]丹尼尔·夏克特.找寻逝去的自我[M].高申春译,长春:吉林人民出版社,2011:62.
③ [法]加斯东·巴什拉.梦想的诗学[M].刘自强译,北京:三联书店,1996:141.
④ [德]狄尔泰.历史理性批判手稿[M].陈锋译,上海:上海译文出版社,2012:49.
⑤ 梁秀枝,徐晓宇.浅析海德格尔的时间性思想[J].山西高等学校社会科学学报,2009(8):26.

去总是紧紧咬住未来,逐渐膨胀,直至无限。"①而正是自传在时间向度上的绵延,使得自传研究具有追溯个体过往成长路径、把捉个体当前成长境况、探求个体未来生活希望的三位一体的全景性研究视域。狄尔泰将自传看作是最好的时间结构的描绘形式,"自传恰当的言说担当着重建时间河流中生命统一的重任"②。

(2) 空间的在场

"空间是人类生存的立基之地。人类每天在空间中呼吸、活动、生活,和空间产生互动。任何人的思考和群体行为都必须在一个具体的空间中才能得以进行,空间可以说是我们行动和意识的定位之所。"③空间是一种特殊的时间形式,已成为时间的标识物。④美国著名文学家尤多拉·韦尔蒂(Eudora Welty,1909—2001)认为:自传写作是一种自我反思的活动,它揭示了自我与空间的联系。"自传作者立足的空间唯有与他们自身的生活密切联系,自传才能够被读者理解,作者的自我也得以被重新建构。"⑤因此,自传不仅是一种促进他者理解作者的中介空间,还创造着作者自我发展所必要的个人化空间。一方面,自传是作者亲身生活经历图景和内在生活体验的外在呈现,从某种意义上说,个体即是"栖居"在自传中。通过自传的展开,他者即能了解作者的生活经历并理解作者的生命体验。由此,自传成为理解的媒介与中介空间。另一方面,"自传可以作为一种扩大、占据与建构中介空间的方法。通过拓展记忆的边缘,更多地挖掘

---

① [法]柏格森.创造进化论[M].王珍丽等译,长沙:湖南人民出版社,1989:8.
② [美]瑾·克兰迪宁.叙事探究——原理、技术与实例[M].鞠玉翠等译,北京:北京师范大学出版社,2012:66.
③ 龙迪勇.叙事学研究的空间转向[J].江西社会科学,2006(10):67.
④ 龙迪勇.空间问题的凸显与空间叙事学的兴起[J].上海师范大学学报(哲社版),2008(6):68.
⑤ Linda Anderson. Autobiography[M]. New York: Routledge press, 2007:3.

那些被'忘记的'、受压抑的与被否定的成分,自传扩展空间"①。自传作者在对自我的叙事中建构了微观的私人生活世界,创造出自我存在的个人场所,为自我的发展提供了内在张力。简言之,自传具有空间性特征,它是生命存在在空间向度上的映射。

自传的空间在场特征主要表现在两个方面：一是自传呈现了外在世界在个体发展过程中所起的作用,即外在世界是如何影响个体形成社会性的；二是自传反映了个体遭遇外在环境时内心世界的境况,即个体是如何在与外在世界的交往中形成自我主体性的。前者是理解自传的空间在场的地理学意义,后者则是理解自传空间在场的现象学意义。从地理学的维度来看,自传即是个体外在自我的形塑。自传所述经历正是个体与他者在外部世界中交往过程的具体表现。自传中所描述的背景环境即是个体居住于其中的多样的交互世界,个体在互动过程中形成了对社会和世界的认知。从现象学的维度来看,自传即是个体内在自我的栖居。人之所以对空间感兴趣,其根源在于人对存在的天然追寻。人的存在意味着居住。居住不仅表示身体居留在某个空间,而且同时还表示内心栖居的精神状态。"居住意味着不再作为外人而被抛在一个陌生空间中的任意一个地方,意味着空间内的某个位置变成了家,在空间找到了一个主要的固定基地,在这个基地上人能在各种不同的基本关系中建立起自己的生活。"②自传的过程既是寻找自我栖居之所的过程,也是生命自我的还乡之旅。在自传中,个体回忆了过去的自我,反映了现在的自我,并建构着未来的自我。

---

① [美]威廉·派纳.自传、政治与性别[M].陈雨亭等译,北京：教育科学出版社,2007：172.
② [德]博尔诺夫.教育人类学[M].李其龙译,上海：华东师范大学出版社,2001：82.

第一章 自传与课程研究

"只有与历史相连,空间才成其为空间。"①因此,自传的空间在场还包含着如前所述的自传作为个人生活史的寓意。自传借由重述作者过去的生活经历而成为个人生活的史料记载,以致成为关于作者自我的生活微观史。"它能够以其趣味性吸引读者;它传递了活生生的经验;它既立足于现实的基础之上,又通过聚焦事件、人物或社区而发散开去;它指向了普遍性。"②作为个人生活史,自传不仅突显了个体发展的具体过程,而且还呈现了个体身处时空背景的历史境脉。例如王江松教授在《寻找自己与成为自己》一书中回顾了自己儿时的读书生活经历,他所讲述的众多亲历故事交织一起即能鲜明地反映出混乱的社会生活和荒诞的学校教育的图景。③

概而言之,自传的空间在场不仅是地理学意义上的位置在场,还是现象学意义上的主体在场。这即是说,自传所表征的空间不仅指涉个体身处立足的场所与方位,也指涉形成个人意义与社会身份的存在基础。因此,从空间维度来理解自传,不仅仅是基于空间的地理学意义来探寻作者生活经历发生的具体场所,进而把握自传的外部环境,更重要的是基于空间的现象学意义来直面作者的真实生活世界本身,进而还原作者个体本真存在的生存境况并揭示个体此在的生存论意义。同时,经由自传创造的空间,个体探询了外部客观世界(the object world)与个人内心世界(the internal landscape)、公共领域(the public sphere)与私人生活(the intimate life)之间的关系。

---

① Joe Kincheloe, William Pinar. Curriculum as Social Psychoanalysis: The Significance of Place[M]. New York: State University of New York Press, 1991: 7.
② 周兵. 微观史学与新文化史[J]. 学术研究,2006(6):94.
③ 王江松. 寻找自己与成为自己[M]. 北京:中国社会出版社,2009:212-243.

二、自传的课程研究应用

（一）作为课程研究素材的自传

"人特有的生活的主要特征是,不仅它的出现和消失、生和死构成了世界性事件,而且他一生当中也充满了各种事件,这些事件最终可以讲述为故事,或写成自传。"①自传即是人的生平经历和生活故事的载体,通过自传,研究者不仅可以像普通读者那样直观了解传主的生活历程,还可以借助心理学、社会学、现象学等视角透视、洞察自传文本字里行间潜藏着的个人内在心路历程,借此剖析人的自我乃至主体性的建构过程。可以说,自传是开展自我研究或主体性研究不可或缺的绝佳素材。

在课程研究领域,有学者为了深入研究教师和学生的内在教学体验,即采用当事对象撰写的相关主题自传作为基础性研究素材。例如,加拿大著名课程学家迈克尔·康纳利在自己的课程与教学行动研究中就曾采用自传作为素材。"迈克尔以前的课是以经验作为起点开始的——学生的自传:联系到他们的研究、现场记录和回忆、叙事论文批评以及其他研究。课程内容强调传记、自传回忆、叙事的人种学、案例研究等多样的叙事文献,同样强调叙事探究文献重要的术语,包括回忆、事实和虚构、解释、故事、历史、情境、形象和隐喻等。"②英国著名课程学家艾沃·古德森在开展教师生活和工作的质性研究时尤为强调使用教师自传作为生活史研究素材:"为了给生活史研究正名,我们应当通过个人传记来探究个人异质性和变化的元素,再通过研究教师职业生涯的发展背景,将这些与历史因素结合起

---

① [美]汉娜·阿伦特.人的境况[M].王寅丽译,上海:上海世纪出版集团,2009:71.
② [加]D.简·克兰迪宁,F.迈克尔·康纳利.叙事探究:质的研究中的经验和故事[M].张园译,北京:北京大学出版社,2008:46.

来。后者可以让我们在一个与更广阔的学校教育变革模式(比如学校革新、学校科目、教育体系、教师职业自身的发展)相对应的视角来认识个人。"①美国著名课程研究学者埃德蒙·肖特和伦纳德·瓦克斯在编纂《课程研究中的领导者》一书时,邀请迈克尔·阿普尔、埃利奥特·埃斯纳、约翰·埃利奥特、赫伯特·克利巴德、劳瑞尔·坦纳、迈克尔·扬等十多位英语世界中名闻遐迩的课程研究学者用各自的学术自传来概述个人研究成就。他们认为,这些学术自传是精彩绝伦的经典课程研究文献,既通俗易懂,又引人入胜。②

众所周知,研究素材的真实与否至关重要,会从根本上影响研究结果。然而,作为研究素材,自传内容的真实性问题却有待澄清。对此,学界目前有两种截然不同的观点。一部分学者主张,自传内容由于是记述过去发生的事情,故而会在某种程度上出现失真,以至于不存在真实客观的自传素材。例如,皮埃尔·布迪厄(Pierre Bourdieu, 1930—2002)认为自传的客观性如同一种不切实际的幻象。"在布迪厄看来,相较于宏观叙事,传记全面呈现一个人的真实面貌的企图更像一个迷思,因此,用传记方式来呈现生命史是不当的。无论是传记体还是自传体的叙事手法,皆可能或多或少发生'失真'的现象。传记中被叙述的主体,不过是一种被建构的人工制品,并不具有一般人想象中的真实性。此外,传记书写忽视了个体通常同时扮演多种角色的事实,忽略个体在不同的场域中所占据的不同位置。总之,在布迪厄眼中,'传记写作'是一种自恋形式,它沉迷于自我的自鸣得意,缺少真正的社会学洞见。"③然而,也有学者认为,自传是深入了解个

---

① [英]艾沃·古德森.教师生活与工作的质性研究[M].蔡碧莲等译,北京:教育科学出版社,2013:49.
② Edmund C. Short, Leonard J. Waks. Leaders in Curriculum Studies [M]. Rotterdam: Sense Publishers, 2009:X.
③ 鲍磊.社会学的传记取向:当代社会学进展的一种维度[J].社会,2014(5):196.

体的可靠素材。例如,汉娜·阿伦特(Hannah Arendt, 1906—1975)曾指出:"某人是谁或曾经是谁,我们只能从了解以他为主人公的故事或他的传记中得知;而我们对他的其他方面的了解,包括他创作并流传下的作品,只能告诉我们他是什么人或曾经是什么人。"[1]

总的来说,作为研究素材,自传的意义不在于准确无误地复述过往的经历,而在于基于文本并超越文本的心路再现。通过自传,传主打破沉默,向他者也向自己呈现自我。"自传坚持的是坦诚性,而并不追求全知性,自传作者所表现出来的不是一种绝对的客观性,而是一种'主观的客观性'。自传不是要揭示一种历史的真实,而是展现一种内心的真实:人们追求的是意义与统一性,而不是资料与完整性。"[2]再者,尤需注意的是,作为研究素材,"自传的意义并不在于为我们提供丰富的数据。对数据的关注可能是自我商品化与神化的另一种形式。自传的意义在于展现讲述与倾听主体的发展性与复杂性"[3]。通过自传,研究者能够走进传主的内心世界,伴随着传主的自我叙述见证主体性的形成与发展。这也正是当下越来越多的课程研究学者在进行有关经验主题的质性研究时有意选择自传作为素材的重要原因。

(二) 作为课程研究方法的自传

总的来说,自传从文学体裁发展成为研究方法主要源起于社会科学领域的传记研究方法。"传记研究(或传记方法)是指运用及搜集个人的生命文件或是描述生活转折点文件的研究形态;而所搜集的文件包括自传、传记、日记、信件、讣文、生活史、生活故事、个人经

---

[1] [美]汉娜·阿伦特.人的境况[M].王寅丽译,上海:上海世纪出版集团,2009:147.
[2] 鲍磊.社会学的传记取向:当代社会学进展的一种维度[J].社会,2014(5):199.
[3] [美]威廉·派纳.自传、政治与性别[M].陈雨亭等译,北京:教育科学出版社,2007:173.

验故事、口述历史、个人的历史等。传记研究的焦点主要在于个人的生命经验,所以能为教育的历程研究提供重要的基础。"① 在20世纪10年代末,美国社会学家威廉·托马斯(William I. Thomas,1863—1947)和波兰社会学家弗洛里安·兹纳涅茨基(Florian Znaniecki,1882—1958)合撰的《身处欧美的波兰农民》(*The Polish Peasant in Europe and America*)一书是最早使用传记研究方法的开山之作。受此影响,渐渐有越来越多的学者关注传记研究,直至催生了20世纪80年代社会科学领域出现的"传记转向"(the biographical turn)。在此之后,传记研究的方法持续盛行,最终发展成为一种主要的质性研究方法。例如,美国学者约翰·克里斯韦尔(John W. Creswell,1945—)在其撰写的研究方法名著《质性研究及其设计:五种传统的选择》(*Qualitative Inquiry and Research Design: Choosing Among Five Approaches*)一书中就将传记研究与现象学研究、扎根理论研究、人种志研究、案例研究并称为质性研究的五种研究传统和路径。②

显然,自传研究方法是传记研究方法的分支构成,正如自传是传记的分支构成一样。如同传记研究方法,自传研究方法是一种综合性质性研究方法,兼及文学、心理学、社会学、现象学等领域的方法范畴。借用福柯的术语,自传研究方法即是一种自我考古学方法,借此有助于帮助个体反思省悟个体生命体验所浸润的自我所表征的主体性是如何被形塑的。"所有自传写作的最重要内容都是具体的体验的现实,并不是粗糙的外在的事实。外在的现实植根于体验,但它被观看的视角是形成体验的内在生命的变形,外在事实通过内在的感受和反思获得征兆(或症状)价值……因为,自传假定作者反思这内

---

① 潘慧玲.教育研究的取径[M].上海:华东师范大学出版社,2005:239.
② John W. Creswell. Qualitative Inquiry and Research Design: Choosing among Five Traditions[M]. London: SAGE Publications, 1997: 5.

在的体验世界,并十分清楚内在体验世界的重要性。"①随着杜威经验课程观的广泛流传与持续发展,有学者尝试将自传研究方法引入课程研究领域,以期深刻理解个体的课程学习体验。其中,首屈一指的课程研究专家当属威廉·派纳。派纳曾将"把自传和自传方法引入课程领域"视为自己毕生最重要的课程研究学术贡献之一。实际上,若加以详细分析,就不难发现派纳绝非仅仅是将社会科学研究中的自传研究方法移植到课程领域,而是开创性地构建了别具一格的自传课程研究方法。

概而言之,派纳构建的自传课程研究方法包含了宏观和微观两个层面。宏观层面亦即方法论层面,派纳构建的自传方法是指向人的自我解放和主体发展的方法,其意义在于通过自传反思激活个人的主体意识和能动实践,最终实现反思与行动、个人与社会的统一。正如派纳所言:"方法论可以是自我研究,即一种对存在于科层制界定之外的自我进行扩大的方法。……自传方法能够提供一种工具,借此我们可以找到自我疏离(self-estrangement)之墙上的裂缝,找到我们丧失于社会定义和科层角色中的自我。"②微观层面即方法策略层面,派纳依托存在主义现象学和精神分析心理学的方法策略,构建了涵盖"回溯(Regressive)—前瞻(Progressive)—分析(Analytical)—综合(Synthetical)"四个阶段步骤的自传方法:"回溯"是指个体重溯追忆过往的学校生活经历,"前瞻"是指个体展望想象未来的学校生活可能,"分析"是指个体分析解释过去、未来以及现在的学校生活图景,"综合"是指个体整合全部的教育经验以形成统一的自我。"回溯—前瞻—分析—综合的方法是一个自传的策略,通过它,我们或许

---

① [美]瑾·克兰迪宁.叙事探究——原理、技术与实例[M].鞠玉翠等译,北京:北京师范大学出版社,2012:63-64.
② William F. Pinar. Autobiography, Politics and Sexuality[M]. New York: Peter Lang Publishing, 1994:198.

第一章　自传与课程研究

能够理解我们在学校中的生活之本质,以及学校在我们生活中的作用。它是一个研究策略,这种策略能产生具有学校生活体验特征的知识,因此,能够为我们的学校和教育过程中的知识作出贡献。"[1]值得注意的是,"回溯—前瞻—分析—综合"式自传方法并非一套单个的线性阶段操作流程,而是具有循环递进性,并且在实际应用中基于具体传记情境(biographical situation)可从任一阶段开始。综上所述,派纳构建的自传方法具有方法论、认识论和实践论意义,"旨在帮助课程领域的学生学习如何描述学校知识、生活史和思想发展之间的关系从而达成自我转变"[2]。

除了作为深度反思自我的自我研究方法,自传研究方法还是一种共情理解他者的他者研究方法。研究者可通过收集研究对象的自传素材,而后凝练自传研究主题、分析及解释自传经验、采取介入行动等步骤来理解研究对象的教育生涯和人生履历。"理解的本质在于,它不仅是一个人与另一个人之间的情感、理智的交流,它就是我的存在、我的存在方式。它带动着我的意识和我的原始活力中的全部无意识去追逐新的生命意义。"[3]因此,自传式理解是一种共情理解,最终走向追求自我和他者共同解放的自觉行动。例如,通过要求学生撰写教育自传并研读分析学生的教育自传,教师能够深入学生的内心世界、洞察学生的真实体验、形成对学生的生命理解,并在此过程中上促使教师反思自我,进而主动采取适切行动来改变优化学生和自我的教育处境,实现师生共同的自我重建和主体解放。简言之,自传研究方法不仅是一种"对生命个体的研究"(research on the

---

[1] [美]威廉·派纳.自传、政治与性别[M].陈雨亭等译,北京:教育科学出版社,2007:56.
[2] [美]威廉·派纳等.理解课程(下)[M].张华等译,北京:教育科学出版社,2003:537.
[3] 曹明海.语文教学解释学[M].济南:山东人民出版社,2007:3.

living individual），也是一种"有生命个体的研究"（research with the living individual），更是一种"生命个体卷入的研究"（the living individual involved in the research）。

在20世纪70年代之后，受派纳的启发和影响，一批课程领域的先锋派学者纷纷尝试用自传方法来研究课程议题。例如，玛德琳·格鲁梅特（Madeleine Grumet，1940— ）用自传方法研究教师的专业发展经验；珍妮特·米勒（Janet Miller）在女性主义视角的观照下用自传方法及合作自传方法研究教师特别是女性教师的内在教学体验，以期打破课程中的性别沉默之声；玛丽莲·杜尔（Marilyn N. Doerr）开展了用自传方法呈现和阐释学生在环境教育课程上获得学习体验的行动研究；帕特里克·斯莱特里（Patrick Slattery，1953— ）基于后现代的立场，用自传方法解构自己的课程学术研究生涯。此外，还有一些直接以"自传"命名的课程研究著作先后问世，如罗伯特·格拉哈姆（Robert J. Graham）于1991年出版著作《读写自我：教育与课程中的自传》（*Reading and Writing Self: Autobiography in Education and Curriculum*），珍妮特·米勒于2005年出版著作《打破沉默之声：女性、自传与课程》（*Sounds of Silence Breaking: Women, Autobiography, Curriculum*），布莱恩·卡斯摩（Brain Casemore）于2007年出版著作《空间的自传要求：美国南方的课程研究》（*The Autobiographical Demand of Place: Curriculum Inquiry in the American South*），艾德·道格拉斯·马克奈特（Ed Douglas McKnight）于2019年出版著作《空间、种族与身份形成：课程理论家日常生活的自传交汇》（*Place, Race, and Identity Formation: Autobiographical Intersections in a Curriculum Theorist's Daily Life*）。凡此种种，可以说，关于自传课程的理论与实践研究方兴未艾。

三、自传与课程的知识考古[①]

(一) 自传与课程的语义学同源

在学科门类林立的当下,作为教育术语的"课程"和作为文学术语的"自传"都有其特定的含义。"无论是明确地表述问题,还是检验假设,一个根本性的前提,就是需要清晰的概念。"[②]课程研究领域初始于西方,当重返西方"课程"和"自传"语词诞生的时代,在分析当时的历史背景和语境以探究它们的原初概念后,可以清晰地发现自从"课程"和"自传"在教育领域际遇,二者的语义就内在相通。

在西方,作为教育术语的"课程"的问世是加尔文主义与拉莫斯主义共同催生的结果。早在 16 世纪四五十年代,宗教神学家约翰·加尔文(John Calvin,1509—1564)在其著作《教义注释》(*Commentaries*,1540—1556)中就频繁讨论了"生命即'旅程'或'跑道'"(life as a "race" or "racecourse")的主题。1559 年,加尔文出版了代表著作《基督教要义》(*Institutes of the Christian Religion*)的最后修正版,短语"vitae curriculum"和"vitae curricular"就出现在其中。加尔文用它们来指代生命历程(course-of-life),由此,"curriculum"一词获得了新的含义——生命历程。[③]加尔文在这部皇皇巨著的开篇就明确指出:"我们所拥有的几乎一切智慧,就是那真实与可靠的智慧,都包含了两个部分,就是认识神和认识自己。"[④]在加尔文看来,教育的作用即是获取"认识神和认识自己"的智慧,教育的内容即是

[①] 参见:张华.儿童学新论[M].济南:山东教育出版社,2018:232-244.
[②] [德]沃尔夫冈·布列钦卡.教育科学的基本概念[M].胡劲松译,上海:华东师范大学出版社,2001:11.
[③] Bernadette Baker. New Curriculum History[A]. Rotterdam: Sense Publisher, 2009: xiv.
[④] [法]约翰·加尔文.基督教要义(上)[M].钱曜诚等译,北京:三联书店,2010:3.

有助于世人"认识神和认识自己"的内容。显然,加尔文的教育观包含有指向个人自身的意蕴。在加尔文之后,彼得·拉莫斯(Peter Ramus,1515—1572)最先将 curriculum 引入教育领域,从而使 curriculum 发展成为专门的教育术语,具有了课程的含义。据美国学者斯蒂芬·特瑞克(Stephen Triche)和道德拉斯·麦克奈特(Douglas McKnight)考证,英语 curriculum 一词作为正式的、普遍的和循环的学习过程的概念始见于拉莫斯。在他 1563 年发表的主题演说 *Professione Oratio* 中,拉莫斯使用了 curriculi 一词,意指所有学生都应当效仿马尔库斯·图利乌斯·西塞罗(Marcus Tullius Cicero,前 106—前 43)的学术生涯,将其作为生活和学习方式。这是最早确定用"curriculum"来指代教育活动的标志。然而,在 1556 年的作品《西塞罗主义者》(*Ciceronianus*)中,拉莫斯并非用术语 curriculi 而是用词语 vita cursus 来描述西塞罗的教育和职业历程———一种学生应当审视并效仿的生命过程或生命旅程。① Vita cursus 意即生命历程。从此处史实可以发现,在拉莫斯那里,术语"课程"与术语"生命历程"语境一致,最初都是指令人值得效仿的西塞罗式学术生涯;换而言之,作为教育术语的课程的原初语义即是一段效仿古代伟大学者、"追寻大智慧的生存之旅"(existential journey towards greater wisdom)。② 受加尔文思想的影响,后继的加尔文主义者喜欢用课程来指代生命历程或生命履历;在加尔文教派主导的大学中,课程不仅是指严格的学习计划,更是指学生向教师督导敞开整个生命。据课程史研究者大卫·汉密尔顿(David Hamilton)考证,莱顿大学和格拉斯哥大学文献记载中的"课程"指每一名学生都必须遵循的整个多年

---

① Stephen Triche, Douglas McKnight. The Quest for Method: The Legacy of Peter Ramus [J]. History of Education, 2004(1): 41.
② Stephen Triche, Douglas McKnight. The Quest for Method: The Legacy of Peter Ramus [J]. History of Education, 2004(1): 51.

第一章 自传与课程研究

期课程,而并非指任何更小的教学单位。① 也就是说,加尔文主义者主要是从整体生命历程的意义上来论述学校教育中的课程。众所周知,自传指向作者个人自己,是作者"认识自己"的记录,是作者生命历程或生命履历的叙述。由此可见,在课程诞生的时代,从人的生命视角来看,课程与自传基本含义一致,二者都包含有"认识自己"和"生命历程"的意蕴。

即便是从主宰西方课程诞生时代思想观念的宗教神学的视角来分析,课程与自传也是意蕴相通的。在加尔文时代,"无论人们的注意力指向精神或肉体,自传式理解都是关于神圣的秩序,个人的过去与其说是自己的,还不如是说上帝的"②。自传的这种特征也契合了当时的课程的内涵,因为当时的课程从根本上说是局限在上帝的范畴内的。例如受加尔文思想影响的捷克大教育家约翰·阿摩司·夸美纽斯(John Amos Comenius,1592—1670)提出了"大教学论"——将一切事物教给一切人类的艺术,但在他那里,"所有的事物按照自己的基础说是彼此相同的,只是形式上不同,因为上帝是它们的原型,自然是它们的反映,艺术是它们的反面形象"③。由此可见,当时的课程某种程度上都是"上帝智慧"的反映。尽管当时的课程提出了"认识自己"的任务,如夸美纽斯要求"学生必须考察人类本身,把人看做一个自由的中介和造物的主宰"④,但课程的内容和目的都与上帝有关,这正与"自传式理解都是关于神圣的秩序"相通。同时,从知

---

① Bernadette Baker. New Curriculum History[M]. Rotterdam:Sense Publisher,2009:11.
② [美]瑾·克兰迪宁.叙事探究——原理、技术与实例[M].鞠玉翠等译,北京:北京师范大学出版社,2012:62.
③ [苏]阿·克拉斯诺夫斯基.夸美纽斯的生平和教育学说[M].陈侠等译,北京:人民教育出版社,1957:129.
   有证据表明,夸美纽斯受到了加尔文思想的影响。1611年3月30日,夸美纽斯被新教派"捷克兄弟会"选送到德国的赫尔伯恩大学学习哲学和神学,而赫尔伯恩大学就盛行加尔文派思潮。
④ [捷]夸美纽斯.大教学论[M].傅任敢译,北京:教育科学出版社,1999:223.

识观的视角来分析,在课程诞生的时代,课程与自传依然意蕴相通。拉莫斯在其编制的"知识地图"中使用"curriculum"这个词来指代循序而进的学习进程。从根本上说,拉莫斯的知识观是形而上的神学知识观。"《圣经》作为上帝言行的记录和显现,是唯一可靠的知识来源和绝对可靠的知识标准。神学是对这种源泉和标准的阐释,就其性质而言,是一种形而上学的知识。"[①]因此,拉莫斯建构的知识地图和课程体系从本质上都是神学的,都是"关于神圣的秩序",这与中世纪的自传式理解指向一致。

(二) 自传与课程的发生学耦合

课程与自传不仅词源语义相通,并且在后续的发展过程中交织一体,由此出现了发生学的耦合现象。在前现代视域,课程与自传都与神学密切相关,既指代个体虔信上帝的生命历程,也暗含个体自我意识萌动的意蕴。文艺复兴和宗教改革之后,理智之光驱散了中世纪的黑暗。在现代主义的观照下,课程与自传都指向世俗生活,都贴近个体的日常生活经验,课程即学习经验,自传即经验叙事。由于后现代主义对现代主义的反叛,课程与自传的含义都发生了概念重建,二者都表现出过程性与复杂性的特征。课程被理解为一个动态的生成过程、一种复杂的对话,自传则被视为个体在多重文本交互叙事中重构自我的过程;并且,课程与自传经由自传课程理论的建构而融为一体。概而言之,从课程作为教育术语问世之日起,课程观的发展演变与自传含义的发展演变始终路向一致。

1. 前现代视域:课程—生命历程—自传

加尔文用课程指代"生命历程",拉莫斯同样用课程来表示生命履历。作为教育术语的"课程"起源于拉莫斯在制作一份描述西塞罗

---

① 石中英.知识转型与教育改革[M].北京:教育科学出版社,2001:58.

生活的图示时所使用的词语"生命历程"。在这份图示中,拉莫斯试图澄清西塞罗从出生到逝世的整个学术生涯。拉莫斯将西塞罗的学术发展历程以一种所有学生都应当遵循的学习过程典范的方式呈现出来。[1]由此可见,在拉莫斯那里,课程与生命历程同义。简言之,在加尔文和拉莫斯的共同作用下,自课程作为教育术语诞生的那一刻起,它就与自传发生际遇,与自传意涵相通,二者都指向生命历程。"课程史学家汉密尔顿告诉我们,课程与生活历史之间的联系在加尔文主义者那里就已经极为明显了,他们'已经喜欢运用课程来表达生命履历或生命历程'。"[2]加尔文秉持"预定论"的神学观:"所谓预定,乃是上帝的永恒旨意,就是神自己决定,他对世界的每一个人所要成就的。因为人类被创造的命运不都是一样的;永恒的生命是为某些人前定了的,对于另一些人,却是永远的罪刑。既然每一个人都为着或此或彼的一个终局而创造的,所以我们说,他是被预定了或生或死的。"[3]由此可见,在加尔文那里,人的生命历程与上帝的预定密切相关。

加尔文之后,夸美纽斯在1632年出版的著作《大教学论》中详细论述了人的生命的内涵。他认为,人的生命及其居所是三重的:母亲的子宫、人间的社会和上帝的天国。第一阶段的生命是单纯天真的,开始有了运动和感觉;第二阶段的生命是智慧博学的,有了意识和智力的发展;第三阶段的生命是十全十美的,享受神赐予的永世幸福。在夸美纽斯看来,皈依虔信基督是人的生命的终极之路:"生命的最安全的道路就是十字架的道路,生命之王基督已经在我们面前

---

[1] Stephen S. Triche. Reconceiving Curriculum: An Historical Approach [D]. Baton Rouge: Louisiana State University, 2002: 91.
[2] [美]威廉·派纳等. 理解课程(下)[M]. 张华等译, 北京: 教育科学出版社, 2003: 539.(此处中文翻译参照 Understanding Curriculum 的英文原文略有校正。)
[3] [法]加尔文. 基督教要义(下)[M]. 徐庆誉, 谢秉德译, 北京: 宗教文化出版社, 2010: 557-558.

踩出了这条道路,基督邀请他最爱的人走上了这条路,引导他们沿这条路前进。"①因此,夸美纽斯认为基督教学校的目的不是造就人间俗世的公民,而是造就上帝天国的公民,必须从学校中清除异教徒的书籍,同时向学生表明一切与神无关的东西都是没有价值的。在这一目的的指引下,夸美纽斯所设计的涵盖"百科全书式的知识"的"全部课程"都遵循天启的神的话语。"夸美纽斯理论的起点是确信可以从上帝的预先计划中得出教育的内容与目标。相应的是,假设课程与教学策略的使用反映了上帝计划的基本原则,这种过程可以被作为上帝忠实仆人的所有人实现。"②概而言之,在基督教的视域中,人的生命历程就是遵循神的召唤、通往神的天国的"天路历程"。

著名课程学家、自传课程理论的创始人威廉·派纳将英国清教徒约翰·班扬(John Bunyan, 1628—1688)最初发表于1678年的基督教讽喻小说《天路历程》视为从自传文本的角度来理解课程的早期著述。《天路历程》是班扬的寓言体心灵自传,描述了基督徒战胜自我的软弱,抗拒外在的诱惑,经历种种困难和挑战,聆听神的召唤,由人间到天国、由此世往永世的神圣信仰之路。基督徒的自我救赎之路也是寻回迷失的自我之路。"自传式理解也就成了与自己内在的魔鬼的较量,辨识出人如何按照个人的标准和理想进行生活。"③课程史研究者汉密尔顿进一步论证了课程与加尔文主义之间的内在关联。他指出:"基督徒的进展(即他的旅程)呈现出加尔文式的模式,即跨越详细筹划的地域,最终走向预定的目的地(即加尔文主义者的

---

① [捷]夸美纽斯.大教学论·教学法解析[M].任钟印译,北京:人民教育出版社,2011:31-207.
② [瑞]T.胡森等.教育大百科全书(第七卷)[M].丛立新等译,重庆:西南师范大学出版社,2006:162.
③ [美]瑾·克兰迪宁.叙事探究——原理、技术与实例[M].鞠玉翠等译,北京:北京师范大学出版社,2012:65.

预定论)。不过,基督徒的进展也是开放的旅程,或通过生命(生命履历)形成的开放的道路。"①事实上,加尔文的"预定论"在当时具有促进基督徒自我觉醒的积极作用。因为人一生的命运已由上帝预定,所以教皇和教会的权威无益于人的命运改变,企图通过教士、教会而获得拯救的任何可能性都不足为道,人唯有依赖自己孤独地行走天路,用自己的心灵来理解上帝的神谕。正如马克斯·韦伯(Max Weber,1864—1920)在《新教伦理与资本主义精神》一书中所说:"尽管为了得到拯救必须加入真正的教会,加尔文教徒与他的上帝的联系仍是在深深的精神孤独中进行的。只需读一下班扬所著的《天路历程》,我们就可以了解在这一特定气氛中所产生的具体后果。"②正是在孤独地自我救赎过程中,人的自我意识逐渐觉醒。同时,在皈依虔信的过程中,人也萌发了自我的关切,因为,"对加尔文来说,'对人的关切'才是'真敬虔的知识'"③。概而言之,作为教育术语的课程诞生之初就蕴含着生命历程和自我意识觉醒的意味,这与揭示作者生命历程、反映个体自我意识的自传的内涵息息相通。

2. 现代视域:课程—生活经验—自传

文艺复兴和宗教改革之后,欧洲迈入了思想启蒙的理性时代。在启蒙运动时期,人们正如康德所说的"敢于运用自己的理智",从而

---

① [美]威廉·派纳等.理解课程(下)[M].张华等译,北京:教育科学出版社,2003:539.(此处中文翻译参照 Understanding Curriculum 的英文原文略有校正。)
② [德]马克斯·韦伯.新教伦理与资本主义精神[M].于晓等译,北京:三联书店,1987:81

张爽博士认为:"加尔文的'预定论'的宗教改革思想否定了教皇和教会的权威,否定了教父、教士和所谓先知的权威,人的'自我意识'获得了发展的空间,个人可以独立地探索真理,开拓新的领域,研究新的学说。"(参见张爽论文《西方启蒙知识分子与启蒙的权力》,《贵州大学学报(社科版)》2011年第6期。)
③ [法]约翰·加尔文.基督教要义(上)[M].钱曜诚等译,北京:三联书店,2010:中译本导言28.

大大促进了自我意识的发展和自主理性的觉醒,以致摆脱了宗教奴役而获得精神解放。人类思想的解放自然引发了教育的革新,教育的重心随之从宗教教育转移到世俗教育,从皈依上帝返回到人的自身。"启蒙时代,人们以一种全新的方式来认识世界,这对教育与课程理论产生了影响。课程不再是以上帝的预先计划为基础,对其评价也不再是根据上帝的预先的计划而进行。"[1]要而言之,启蒙之后,原先主宰课程的上帝为知识所替代。这是因为在启蒙时代,人的解放是通过知识来实现的,"知识就是力量"成为思想文化界的普遍共识,"通过知识而自我解放的观念是启蒙运动的基本观念"[2]。并且,此时的知识并非指古代形而上的和神学的知识,而是指现代实证的和科学的知识。与古代知识型相比,现代知识型强调知识的经验证实和逻辑证明,客观、普遍且与价值无涉。"随着科学知识的出现和发展,人们开始批判传统的课程内容和结构,要求将广泛的科学知识纳入到学校课程内容和结构中去,减少或取消古典学科和宗教课程的学习,从而引起了近代以来最激烈的有关课程问题的辩论。"[3]由此,现代知识特别是科学知识成了课程的核心议题。在此背景下,赫伯特·斯宾塞(Herbert Spencer,1820—1903)提出了划时代的教育问题——"什么知识最有价值",并呼应时代需要对此作出了"科学知识最有价值"的回答。不仅如此,斯宾塞还以科学知识为核心建构了广泛的科学课程论体系。"由于斯宾塞使用的'curriculum'一词原意是静态的跑道,故教育中过多地强调了课程作为静态的、外在于学习者的'组织起来的教育内容'的层面,相对忽略了学习者与教育者动

---

[1] [瑞]T.胡森等.教育大百科全书(第七卷)[M].丛立新等译,重庆:西南师范大学出版社,2006:162.
[2] [英]卡尔·波普尔.通过知识获得解放[M].范景中,李本正译,北京:中国美术学院出版社,1998:178.
[3] 石中英.知识转型与教育改革[M].北京:教育科学出版社,2001:105.

第一章 自传与课程研究

态的经验和体验的层面。"①

最先将课程与经验联系一起的是美国教育家杜威。杜威敏锐地注意到了学校教育与个体生活经验相脱节造成的种种理论与实践弊端,在实用主义哲学观的影响下,他改造了旧教育与课程,最终形成"课程即经验"的定义,建构了经验课程观。在1897年发表的《我的教育信条》中,杜威明确提出了"教育是经验的持续改造"的命题。而后,在1899年出版的《学校与社会》中,杜威倡导"从经验中学习",并重构了"知识"的内涵,认为"知识不再是凝固不变的东西,它已经成为变动不定的东西"②。在1902年出版的专门论述课程问题的著作《儿童与课程》中,杜威详细阐述了儿童生活经验与学校课程之间的紧密联系;在1916年出版的《民主主义与教育》、1946年出版的《经验与教育》等著作中,杜威进一步完善了经验课程观的理论体系。简言之,杜威经验课程观是"用生活的经验来解释教育的意义、教育的计划和设计的一种明智理论"③,其主旨是课程在经验中、由于经验和为着经验。在杜威看来,教育是生活的过程,儿童日常生活经验与学校课堂的教材不可分离,课程即是学生在教师指导下获得的经验,儿童通过课程学习促进经验的不断生长。经验是杜威经验课程论的核心概念,"经验课程之'经验'是人与环境的交互作用,是主动行动与对行动结果之反思的结合"④。杜威将课程还原为生活经验的经验课程观与现代视域中的自传的涵义内在相通。

当自传式理解进入现代,它变得更加内观(inward looking),即指向作者内在的心灵图景。"当它关涉现代自我的出现,一个关键性

---

① 张华.课程与教学论[M].上海:上海教育出版社,2000:66.
② [美]约翰·杜威.我们怎样思维·经验与教育[M].姜文闵译,北京:人民教育出版社,2005:305.
③ [美]约翰·杜威.学校与社会·明日之学校[M].赵祥麟等译,北京:人民教育出版社,2005:36.
④ 张华.课程与教学论[M].上海:上海教育出版社,2000:248.

的特征是,上帝不再是这个过程背后的推动性力量。"① 显然,在现代视域中,个体的生命自我取代上帝的"神圣大全"成为自传的主导,自传成了作者个人生活经历的回顾性叙事,反映了个体对生活现实的独特感受,由此个体重述了自我的生活经验。简言之,现代视域中的自传不再是奥古斯丁式面向上帝的心灵忏悔,而是富兰克林式面向生活的经验积淀。② 自传从近代"关于神圣的秩序"到现代"指向内在生活经验"的转向,与课程从"课程即知识"发展为"课程即经验"的路向一致。自传是自我内在维度的表达,课程是儿童内在的学习经验,二者都是对生命的内观。如前所述,经验是个体与当时形成他的环境之间发生交互作用的产物。同样地,自传也是作者与传记情境(biographical situation)交互作用的产物。按照现象学家阿尔弗雷德·许茨(Alfred Schutz,1899—1959)的观点,每一个体终其一生都以各自独特的兴趣、动机、需要、宗教信仰、意识形态来解释他所接触的生活世界。个人的"传记情境"就是他界定行动范围的方式及诠释周遭环境并且进行挑战的方式。③ 个人在生活世界中的遭遇和感受都是由传记情境决定的,不仅个人在空间、时间以及社会中所处的位置属于传记情境,而且个人的生活经验也属于传记情境,"也就是说,行动者的实际情境具有它自己的历史,它是他以前所有主观经验的积淀。这些经验不是被行动者当作匿名的东西来体验,而是被他当作独特的、从主观角度赋予他并且仅仅赋予他的东西来

---

① [美]瑾·克兰迪宁.叙事探究——原理、技术与实例[M].鞠玉翠等译,北京:北京师范大学出版社,2012:64.
② 富兰克林在其自传开篇表明了撰写自传的原因:"我出身于贫寒卑微的家庭,现在却生活富足,并且在世界上享有一定的声誉。承蒙上帝的恩赐,至今我一帆风顺,事事顺遂,这应当归功于我立身处世的成功。后辈子孙也许乐意知道这些方法,因为其中一些处境或许与他们相似,值得他们仿效。"
③ [德]阿尔弗雷德·舒兹.舒兹论文集(第一册)[M].卢岚兰译,台北:桂冠出版公司,2002:导论4.

体验"①。这正与经验课程的意涵相通。当课程由学科知识走向学生生活经验的时候,课程的意义在实质上并非对所有人都是相同的,在特定的教育情境中,每一名学生对给定的内容都有自己的理解,最终将官方的课程转化为各自的"经验的课程"。

3. 后现代视域:课程—自我重构过程—自传

在后现代视域中,课程发生了概念重建。后现代主义主要表征为过程性思维和复杂性思维。其中,过程性思维与实体性思维相对,认为现实世界并非自我封闭的恒定实体集合,而是处在不断流变生成的过程中。正如阿尔弗雷德·诺思·怀特海(Alfred North Whitehead,1861—1947)所说:"每一种实际存在物本身只能被描述为一种有机过程。它在微观世界中重复着宏观世界中的宇宙。它是从一种状态到另一种状态的过程,每一种状态都是其后继者向有关事物的完成继续前进的实在基础。"②在过程性思维的观照下,课程被视为一个不断生成的过程。多尔曾在《后现代课程观》中明确指出:"课程成为了一个过程——不是传递所(绝对)知道的而是探索所不知道的知识的过程,而且通过探索,师生共同'清扫疆界',从而既转变疆界也转变自己。"③归根结底,课程作为过程表明了人即是过程性存在。这就意味着课程之于学生,不再是"死的材料"④——僵化的文本教材和静待学生学习的知识,而是学生自我参与其中的创生过程。在课程的动态生成过程中,学生焕发了生命活力,也发展

---

① [德]阿尔弗雷德·许茨.社会实在问题[M].霍桂桓译,北京:华夏出版社,2001:120.
② [英]阿尔弗雷德·怀特海.过程与实在[M].杨富斌译,北京:中国城市出版社,2003:392.
③ [美]小威廉姆·E.多尔.后现代课程观[M].王红宇译,北京:教育科学出版社,2000:222.
④ 怀特海特别提醒道:"我们一定不要设想一个具有被动形式的死的材料。材料总是把自身强加于调节其形式的过程之中。"(参见怀特海著作《思想方式》,韩东晖等译,华夏出版社1999年版87页。)

了主体自我。由此,"课程不再被视为固定的、先验的'跑道',而成为达成个人转变的通道"①。同时,在复杂性思维的观照下,课程也获致新的含义:"课程,它不是一个一个等待执行的线性的学程,而是一个复杂的、动态的相互作用的网络,它不断向各种不同的相互联系的形式分化,因此,它是一项需要愿景和毅力的艰巨任务。"②复杂性课程观摒弃了将课程化约为学科教材或实体知识的简单做法,课程被理解为复杂系统——"一个复杂的、多维的、万花筒般的、联系的、跨学科的、隐喻的系统"③,这种复杂系统也是有机的、自我创造的系统。在由学生、教师、课程内容、环境交织而成的复杂系统中,学生作为课程主体在与其他要素的互动中产生了独特的课程理解,形成了多元的意义。

在后现代视域下,自传的含义也发生了根本性革新。"在个性和自传式理解的后现代概念中,一切都发生了变化:显而易见,'作者死了'……自传不仅仅被看做自我的表达,而是更恰当地被看做来源,自我是一种创造性的结果。"④因为传统的过去、现在、未来的线性时间观发生了解构,过去、现在、未来的三维时间区划重建为过去—现在—未来互通一体的时间绵延。在时间的绵延中,过去的自我因为现在的自我的体验而被重构,进而生成了一个全新的未来的自我。"正如我们已经看到的,个人过去的阐释与书写远不是一个没有激情的复制过程。相反,它是一个现在的产品,伴随着兴趣、需要

---

① [美]小威廉姆·E. 多尔. 后现代课程观[M]. 王红宇译,北京:教育科学出版社,2000:6.
② [美]小威廉姆·E. 多尔. 课程愿景[M]. 张文军等译,北京:教育科学出版社,2008:51.
③ [美]帕特里克·斯莱特里. 后现代时期的课程发展[M]. 徐文彬等译,桂林:广西师范大学出版社,2007:284.
④ [美]瑾·克兰迪宁. 叙事探究——原理、技术与实例[M]. 鞠玉翠等译,北京:北京师范大学出版社,2012:66.

和愿望。不过,这个现在和自我一起在这个过程中本身被改变。的确,从深远的意义来说,恰恰是通过这个过程,一个新的自我被创造出来。"①因此,从后现代视角来分析,自传不再是作者过往经历的简单再现,而是作者立足当下、反思过去、展望未来的自我重构过程——简言之,自传是作者重构自我的过程。另一方面,从自传文本的微观视角来看,后现代视域下的自传也呈现出过程性特征。根据雅克·德里达(Jacques Derrida,1930—2004)的"动态文本理论",文本不是一个静止封闭的文字系统,而是在与其他文本的交互联系过程中形成了自身,因此,文本即是动态生成的过程——此处创作的文本与彼处创作的文本、此时创作的文本与彼时创作的文本、作者创作的文本与读者理解的文本等多重文本相互联系而构成了流动的文本生成过程。作为文本的自传,即是事实文本、体验文本、反思文本、叙事文本、理解文本等多重文本"文本间性"的交互生成。由此,"自传永远不会是最终的形象,或者个人生活方式的定式"②,而是在时间的绵延与自我的重构中不断转化。

"后现代课程发展关注传记性的和自传性的叙述。"③在后现代主义观照下,课程被阐释为一个动态的生成过程、一种复杂的对话,正是在这个意义上,课程的语词 curriculum 被概念重建为 currere。在新时期,派纳与格鲁梅特发现了 currere 新的含义。作为 curriculum 的词根,currere 原先的含义仅是指名词性的跑道,派纳与格鲁梅特通过返回词语本源,发现了 currere 还含有动词性的意义——跑的过程。就引申义而言,currere 系指自传课程,即用自传的方法来审视课

---

① [美]瑾·克兰迪宁.叙事探究——原理、技术与实例[M].鞠玉翠等译,北京:北京师范大学出版社,2012:74.
② [美]瑾·克兰迪宁.叙事探究——原理、技术与实例[M].鞠玉翠等译,北京:北京师范大学出版社,2012:74.
③ [美]帕特里克·斯莱特里.后现代时期的课程发展[M].徐文彬等译,桂林:广西师范大学出版社,2007:52.

程,课程主体基于个体存在体验,在回溯过往生活经历、前瞻未来发展愿景、分析描述现在情境、综合过去—现在—未来体验的过程中重构自我主体,生成课程意义。在派纳和格鲁梅特看来,自传绝不仅仅是作者简单重述过往的经历,而是自我重构的过程、自我反思的方法、自我理解的结果,最终指向"主体的生成、自我的超越和个体的解放"[①]。因此,他们所建构的自传课程打破了现代主义的自传传统,反映了个体发现自我、反思自我并建构自我的心路历程,"是个体内在经验与外在环境的相互作用的经验改造和意义建构"[②]。总的来说,在后现代视域下,课程与自传经由自传课程理论而融为一体,并且,课程与自传的含义都发生转变。"课程不是由诸多科目(subjects),而是由诸多主体(Subjects)、主体性(subjectivity)构成的。课程的开展就是建构自我、建构主体性生活体验的过程。自传即是自我的建构,建构一个当我们在阅读、写作、说话与倾听时创造与体现着的自我。"[③]

---

① 张华等.课程流派研究[M].济南:山东教育出版社,2000:281.
② 汪霞.课程研究:现代与后现代[M].上海:上海科技教育出版社,2005:63.
③ William F. Pinar. Autobiography, Politics and Sexuality[M]. New York: Peter Lang Publishing, 1994:220.

第二章　学生自传的课程论意义
——基于自传素材的分析

"从广义上看,课程本质上是一种教育性经验,是对主体产生积极影响的各种因素的总和;从狭义而言,课程专指学校场域中存在和生成的有助于学生积极健康发展的教育性因素以及学生获得的教育性经验。"[1]作为学校教育的主体,学生实际获得的教育性经验意义重大,反映了学生对学校课程的实际体认如何,更关乎学生是否真正领受了学校课程的价值。学校课程是多维度、多层次、多结构的,美国课程研究学者约翰·古德莱德(John I. Goodlad,1920—2014)曾指出学校课程包含了"正式课程"(formal curriculum)、"领悟课程"(perceived curriculum)、"体验课程"(experiential curriculum)等层次结构。[2]学生对课程的实际体认绝非等同于教育行政部门或学校规定设置的呈现在课程表中的、多有教科书作为载体的"正式课程",也非等同于教师基于个人专业学识和推进教学需要对"正式课程"进行转化理解后形成的"领悟课程",而是来源于学生自我在课程学习过程中经由教师的指导、与同伴的互动所获得的全部经验。简言之,学生在学校生活中实际获得的以及实际体认到的课程是自我的"体验课程"。基于此,对学生的课程体验进行研究具有重要的意义,是课程研究的应有之义。

---

[1] 李森,陈晓端.课程与教学论[M].北京:北京师范大学出版社,2015:6.
[2] 施良方.课程理论——课程的基础、原理与问题[M].北京:教育科学出版社,1996:9.

一、学生课程生活体验的自传研究

"教育的理解并不能被视为'既定的'或'理所应当的';教育的意义惟有在教育的经验中才能寻找,因为如果将种种假定悬置,余下的即是教育生活体验。"[①]对于学生而言,他们的教育生活体验主要表现为课程生活体验,因为他们的主要教育生活是学校生活,而在学校生活的多数时间是处在课程脉络之中的。课程的教育意义之于学生,绝非仅是诸多教师认为的学习内容,而是学生在学校日常教育活动中亲历着的真切体验。"过去我们常常说学生在课堂中学习着课程,现在则可以说学生其实也是在、而且更确切地说首先是在课堂社会中亲历着生活,体验着由服从、沉默、反抗、竞争、合作、展示、回避、成功、失败等带来的种种酸甜苦辣、喜怒哀乐。"[②]目前,对学生课程生活的研究多是外部研究(outward research),即侧重于研究学生的课程生活显在外部的行为表现,如研究学生在课程学习中的互动行为、话语交际、表情姿态、课程作业、学习结果等,借此分析学生课程学习的实际成效。尽管依靠课堂观察、视频图像分析、数据统计、问卷调查等方法的外部研究固然能够揭示学生的课程生活图景,但不得不承认的是,这些显在外部的行为表现可能并非学生出自本心的结果,而是一种有意或无意为之的假象。例如,课堂观察或视频图像显示,某学生在课堂提问环节频频举手、跃跃欲试,实情则有可能只是他故意迎合老师的期望,而并非真的想要积极参与互动以表达自己的观点;与之类似,某学生在课堂提问环节沉默不言,并非他对问题不明所以,而有可能是他单纯不想回答问题或正对问题产生联想

---

① Max van Manen. Researching Lived Experience[M]. New York: State University of New York Press, 1990: 53.
② 吴康宁.课堂教学社会学[M].南京:南京师范大学出版社,1999: 3.

第二章 学生自传的课程论意义

思考以致无暇举手参与互动。又或,某学生的课程作业或学习结果显示其表现优秀,然而该学生内心却对该学科十分无感。显然,这些假象并不能客观反映学生的真实课程学习生活情况,而对假象的研究则有可能导致研究结果失真。因此,外部研究并非深入洞察学生课程生活的充分研究。

如同派纳所言:"除了注视着外部以外,还要注视我们自己的内部,并开始尽可能诚实和具体地描写我们内部的经验是什么。……我们需要的是不断求助于话语背后的事实,求助于即时的经验,求助于把注意力永久地置于人的身体内部,以揭示人真正的情感、认知的状况,简单来说,也就是精神的状况。……在通过集中注意于外部来理解教育本质的方法方面,我们已经走得足够远了。并不是公共世界——课程材料、教学技巧、政策指示——变得不再重要,而是为了进一步理解它们在教育过程中的作用,我们必须把目光从它们身上转移开一段时间,开始漫长的、系统的对内部经验的搜寻。"[1]显然,派纳在此提出了学生课程生活的内部研究(inward research)思路和方法——尽可能诚实和具体地描写我们内部的经验,亦即撰写课程生活自传。在课程生活自传中,学生不仅从自身视角描写了各自的课程生活切身经历,更重要的是描写了不易察觉、不为人知的真实生活经验,从而为内部研究提供了可能。

"人文科学研究的'素材'即是人类的经验。因此,如果我们想要调查某种经验或现象的性质,最直接的研究方式就是要求被选择的个体写下他们的经验。"[2]学生在撰写课程生活自传时,由于第一人称"我"的视角的确立,使得他们的主体意识得以明晰,在回忆与反

---

[1] [美]威廉·派纳. 自传、政治与性别[M]. 陈雨亭等译,北京:教育科学出版社,2007:8-9.(译文基于英文原文略有调整。)
[2] Max van Manen. Researching Lived Experience[M]. New York: State University of New York Press, 1990: 61.

思过程中,其课程生活经验被进一步转化为课堂学习生活体验。"从研究者的观点看,学生们按照他们的经历描写他们的体验能够让研究者接近课堂生活的主体性。生活体验的描述是写出来的描述,研究者借助于这些体验来审视特定现象可能具有的意义,有了这些描述,研究者就能够对这些轶事进行反思,在初步的阅读中,寻找看不到的东西,更加深入地理解该情境以及该事件对学生的意义。"①简言之,学生通过撰写课程生活自传来表达各自的课程生活体验是一种深度研究学生课程生活的有效方法,更有利于把捉课程的实质、揭示学习的图景和理解学生的生活。

学生的课程生活是一种学习型生活,课堂学习是学生经历主要的课程学习活动。在新时期,课堂需要超越传统的概念理解,不能仅被视为学生上课学习的物理场所,而需要被建构为师生共同参与的学习共同体;学习也需要超越传统的概念理解,不能再被视为学生被动接受教师传递教材知识的活动,而需要被建构为指向多维共同发展的反思性实践——恰如佐藤学(Manabu Sato,1951—)所言:"'所谓"学习",就是跟客观世界的交往与对话,跟他人的交往与对话,跟自身的交往与对话。就是说,"学习"是建构客观世界意义的认知性、文化性实践,建构人际关系的社会性、政治性实践,实现自我修养的伦理性、存在性实践。可以说是"构筑世界""构筑伙伴""构筑自身"的实践。学习就是这样一种三个维度的实践,三位一体地实现的。"②循此理路,学生的课程生活自传大致可分类为认知性自传、社会性自传和存在性自传。其中,认知性自传主要描述学生在课程生活中的认知发展方面的体验,亦即主要描述学生个人课程知识学习的过程际遇或结果表现,以及由此而产生的内心感想体会;社会性自

---

① 陈向明.质性研究:反思与评论[M].重庆:重庆大学出版社,2008:14.
② [日]佐藤学.学习的快乐[M].钟启泉译,北京:教育科学出版社,2004:20.

第二章 学生自传的课程论意义

传主要描述学生在课程生活中的社会关系方面的体验,亦即主要描述学生与他者进行人际互动的过程际遇或结果表现,以及由此而产生的内心感想体会;存在性自传主要描述学生在课程生活中的存在体认方面的体验,亦即主要描述学生自我身份认同的过程际遇或结果表现,以及由此而产生的内心感想体会。

当然,将学生的课程生活自传分类为认知性自传、社会性自传和存在性自传,并非意味着学生真实的课程生活图景如同主题明确的三种分类这般界限清晰。事实上,学生真实的课程生活图景往往由于多种因素与主题交织一起而显得难以条分缕析。将某篇课程生活自传进行归类,更多是出于推进深入理解课程生活体验的实践研究需要,对自传叙事进行综合研判的操作性结果。笔者在开展学生课程生活体验自传研究时,要求同意参与实践研究的学生对个人亲历的真实课程生活进行自传叙事,继而根据情节所述将其对应归入知识学习、人际互动和身份认同三大主题类别。之后,笔者运用解释现象学的方法对自传叙事加以阐释,一方面是因为"未经阐释的真实就像深埋在地下的金子一样没有用处"[1],另一方面则是通过解释现象学的方法,"我们不仅可以理智地或按概念地去理解事物,而且我们也可以从身体的、关系的、法定的和情境的方式去经验事物"[2],在此基础上,"构建一个对生活世界的某一方面完整的阐释性描述,而同时又清醒地意识到生活世界总是远比任何揭示生活的描述要复杂得多"[3]。

---

[1] 赵白生.传记文学理论[M].北京:北京大学出版社,2014:135.
[2] [加]马克斯·范梅南.生活体验研究[M].宋广文译,北京:教育科学出版社,2000:4-5.
[3] [加]马克斯·范梅南.生活体验研究[M].宋广文译,北京:教育科学出版社,2000:22.

二、认知性自传：学生知识学习的体验阐释

"学习，从与对象（教育内容）的关系来说，是通过设问及互动探求世界并对世界的认识与意义进行自我建构的认知性、文化性实践活动。在这种认知性、文化性实践活动中，学习者建构着对象与自身的关系，建构着未知世界与已知世界之间的关系，也建构着知识与知识之间的关系。可以说，学校中的学习就是有目的、有计划、有组织地开展这种认知性、文化性实践活动。"[①]在学习作为认知性、文化性实践活动当中，对学生而言，最核心、最关键的问题即是知识学习问题。学生唯有学会亦即掌握和内化一定知识，才有可能真正做到认识世界乃至改造世界。事实上，知识学习也正是教师为达成培养人这一核心任务而引导学生开展的主要教育活动。"毫无疑问，教育培养人，其实也就是知识在生产着人，特别是当教育被定义为知识传授和学习的过程时，更是如此。实际上，教育对人的塑造很大一部分是由知识（教育中的知识）所完成的。"[②]因此，极有必要对作为教育主体的学生的知识学习进行深入研究。

如前所述，通常情况下，无论是任课教师还是教育研究者，往往多关注于学生知识学习的结果表现，如关注于课堂问答或课堂练习又或课后作业答案正确与否，却由于种种原因而忽略了学生知识学习的内在心理。关注于直观的结果表现的外部研究并不能完全确证学生知识学习的真实样态，还需要打开学生的"心灵黑箱"，进而如实呈现学生的知识学习心理体验——知识学习过程体验和知识学习结果体验。最了解学生知识学习心理体验的莫过于其本人，因此，最有

---

① ［日］佐藤学.教育方法学[M].于莉莉译.北京：教育科学出版社,2016：84.
② 金生鈜.规训与教化[M].北京：教育科学出版社,2004：328.

效的呈现学生知识学习心理体验的方式莫过于学生的自我叙述,学生撰写认知性自传即是一种自我叙述。在本研究过程中,笔者将不同学段的学生自由撰写的认知性自传素材加以分类整理,而后进行理解性阐释,以期揭示学生知识学习的原貌。

总的来说,学生的知识学习体验究竟如何——积极或消极、喜悦或愁苦、受益或无趣等,在很大程度上取决于教师的知识教学方式,而这又直接源发于教师的知识教学观。

(一) 接受式知识学习的体验阐释

对学生而言,接受式学习无疑是当前最常见也是最传统的知识学习方式,其源出于讲授型教学。在讲授型教学活动中,教师处于主导者的优势地位,主要借助语言的讲述向学生传递课程知识,教师由此成为知识的传授者,学生则随之成为知识的接受者。讲授型教学固然有高效率、易操作、重集体等优点,在诞生之初无疑有着巨大的历史进步意义,但于今而言已越来越难以适应以人为本的时代和社会的个性化教育发展要求。德国著名教学论专家希尔伯特·迈尔(Hilbert Meyer)曾批判了讲授型教学的显著缺点:"传统的讲授型教学几乎不可避免地造成消极和被动适应,使全班处于安静有序和守纪律的状态。即便教师的讲课内容和观点很先进,甚至是革命性的,传统的讲授型教学的结构依然很保守。……很多学生倾向于在课上自我掩饰。他们装作专心听讲、很感兴趣,或理解讲课内容,他们伪装自我并很好地装出职业学生的样子。"[①]学生之所以会出现假装学习的现象,主要原因在于以教师为中心的讲授型教学致使学生在事实上处于被动接受的客体地位——教师的言传讲授对应的是学生的

---

① [德]希尔伯特·迈尔.课堂教学方法(实践篇)[M].冯晓春等译,上海:华东师范大学出版社,2011:140-141.

张耳听讲,由此学生只需动用耳朵的官能表露出张耳听讲的体态即可符合讲授型教学的基本外在要求,教师对此则很难判定学生不在听讲学习状态从而给予及时的督促。有学生在自传中就描述了自己在教师主导的讲授型课堂上进行被动接受式学习时不自觉地发生假装学习的情景:

> 班主任说实习老师 A 老师下午要给我们上一节课,我们都十分开心,因为这是她给我们上的第一节课。在下午的课上,A 老师蹦来蹦去,一个劲儿地讲,语速飞快,时不时地报出来一个问题让我们解答,我们都蒙了。可是,A 老师还在滔滔不绝地"演讲",我都想下课回家了,其他同学的状态也差不多。A 老师见我们没反应都快哭了,而我们也快睡着了。到最后,A 老师还带来了一首小诗,让我们声情并茂地读出来。我们几乎是在喊了,因为只有这样才能提起精神。①

从对实习教师即将上课的满怀期待到对实习教师课堂教学的满心愁闷,逆转的原因即在于教师不合时宜的讲授。如该生自传所述,教师忽视学情的滔滔不绝的讲授超出了学生的实际接受水平,以至于学生连被动接受式的浅层学习都无法做到,进而被迫游离于学习之外;学生消极的学习状态显然也影响了教师的教学状态——"A 老师见我们没反应都快哭了"。但是,教师依然不作调整继续讲授教学,一方面是由于作为职业新手的实习教师尚缺乏精湛的教学技能和灵活的教学机智,另一方面则是讲授型教学自身所具有的以教师为中心的特性所致——在"以讲代教"的讲授型教学中,教学评价更侧重于评价位居中心的教师的讲授技能及表层,而非其促进学生深

---

① 摘自某学生的自传。

度学习的助学效能。因此,讲授型教学成了诸多一线教师下意识优先选择的教学方式。这就意味着学生处于接受式学习的状态,当教师忽略了学生的观感反应,学生对教师的教学配合则有可能变成虚假的附和。值得注意的是,不仅是初任教师习惯于使用讲授型教学方式,一些熟手教师也经常使用讲授型教学方式,其教学效果并非尽如人意。一名学生在自传中描述了自身亲历的某节公开课枯燥乏味的听课体验:

> 那天大清早,天刚刚露出了鱼肚白,我们班就匆匆忙忙赶到多媒体教室上公开课。给我们上课的是数学老师,她打开投影仪,写好课题板书,等我们与坐在后边的听课老师准备好,就开课了。只见数学老师叽里呱啦说了一通,我一个字也没听懂,也非常紧张,因为后面有好几个听课老师用眼睛盯着我们。数学老师不停地说呀说呀,好像在演唱一曲让人昏昏欲睡的催眠曲。我真是度日如年,于是就慢慢睡了下去。这时,同桌拍了我一下,我只好强打起精神。数学老师还在叽里呱啦地讲着什么,我真佩服她的口才,从上课一口气说到现在,她怎么一点儿都不感觉累呢?45分钟的课如同一年一般……
>
> 终于响起了"叮铃铃"的声音,我精神一振,以为是下课了,不料却发现是投影仪播出的声音。我一看表,晕!原来才过了13分钟……①

俗语有云:"一年之计在于春,一日之计在于晨。"然而,在学生精力充沛且有其他听课老师在场观摩的清晨公开课上,学生的学习表现及体验都出现了明显偏差,预期的聚精会神的学习过程变成了实

---

① 摘自某学生的自传。

际上的萎靡不振、防备瞌睡的过程,致使课堂教学并没有真实发生,对当事学生来说这可谓是一堂无效的课。究其原因,固然有学生自身方面的因素,但更主要是缘于教师使用静态的、被动的讲授型教学方式。如上述自传所示,学生"一个字也没听懂"教师的讲授,却没有同教师反映交流,其深层的原因在于教师掌握了讲授型教学的话语权。在讲授型教学中,通常的教学组织情形是:一位教师通过口头言语的媒介和亲身讲述的方式同时面向多位学生授课,为了保证口头言语能够被学生精准听到,教师开口讲授时要求学生保持闭口静默体态;只有获得教师预先的批准,学生才能开口言说,未经教师事先同意、不在教师计划之内的发声往往被视为干扰正常教学的嘈杂之音。所以,讲授型教学对学生而言,主要是一种静听接受式学习。这种学习方式之所以能长盛不衰地普遍流行,有其坚实的认识论基础,即客观主义认识论。

在客观主义认识论视域下,知识是客观真理或客观规律的如实表征,具有客观性、普遍性,不以人的意志为转移,知识的传播媒介和方式并不会改变知识本身的实质,"不论在专家的工作室还是中小学的课堂里,不论对专家、普通大众还是中小学生及其老师,知识的性质全都一样,改变的只是知识存在或应用的场景,知识本身没有变"[1]。客观主义认识论是一种无认知主体的认识论,因为它主张人的主观思考与行为并不会影响知识本身,不以人的意志为转移的客观真理或客观规律才是本源性影响因素,正如英国哲学家卡尔·波普尔(Karl Popper,1902—1994)所归纳的:"客观意义的知识完全同任何人声称他知道无关;也同任何人的信仰、不同意的意向或坚持行动的意向无关。客观意义的知识是没有认识者的知识,也即没有

---

[1] 张华.研究性教学论[M].上海:华东师范大学出版社.2010:6.

认识主体的知识。"①换言之,在客观主义认识论视域下,认知主体是哪一个又或存在与否并不影响知识本身;由此,引发教学中出现为知识而知识、重知识轻学生等现象。同时,客观主义认识论是一种有等级价位的认识论,因为与知识相关的诸多人士不自觉地根据发现、理解、传递作为知识来源母体的客观真理或客观规律的先后序列,形成了事实上的上下等级差异关系——知识(客观真理或客观规律)的发现者是高高在上的知识权威,先接受继而再传播知识(客观真理或客观规律)的传递者位居中间,在下则是最后接触知识(客观真理或客观规律)的接受者;由此,催生了学科专家重于教师、教师重于学生的教育等级差异格局。"这种教育仅仅局限于'传授'知识,教师只是照本宣科,而自己毫无创新精神。教材已形成一套固定的体系。人们崇拜权威作家及其书籍。教师本人无足轻重,只是一个代理人而已,可以任意替换。教材内容已成为固定的型式。……像填鸭般地用那些诸如形而下之'器'的东西,塞满学生的头脑,而对本真存在之'道'却一再失落而不顾,这无疑阻挡了学生通向自由精神之通道。"②这种教育事实上导致了师生关系的异化,教师凭借着相对于学生的知识"先知"地位而凌驾于学生之上,成为学生在课堂上种种言行的宰制掌控者,学生则沦为受制于教师及教师预表的知识的被压迫者。"受客观主义认识论支配的教学必然具有控制的性质。教学是传递固定的、程式化的'客观'知识的过程,学生的心灵是被教学过程塑造的对象,它需要忠实地接受以分门别类的学科形式体现出'客观真理'。这样,学生必然是被动的,教学即是对学生施加控制的过程。"③然而,学生作为事实上能动的主体不甘愿被人宰制掌控,常常通过或明或暗的方式来加以回应。一名小学生在自传中描写了课

---

① [英]卡尔·波普尔.客观知识[M].舒炜光译,上海:上海译文出版社,1987:117.
② [德]雅斯贝尔斯.什么是教育[M].邹进译,北京:三联书店,1991:7.
③ 张华.课程与教学论[M].上海:上海教育出版社,2000:468.

堂上"脑洞大开"的经历：

> 在英语课上，M老师叽里呱啦说个不停，我也不知道她说的是什么意思。我估计同桌A也跟我一样听不懂老师的话，他的英语水平还不如我。我趁老师不注意，偷偷看了A，他果然一副听天书的样子。我想问问后排的B，他的英语还不错，应该听得懂，但又不敢回头，不然被老师认为是开小差找人说话那可就惨了。算了，我还是表现出一副听得懂的样子吧，时时点头面露微笑谁不会啊？反正M老师又不是我肚子里的蛔虫，她又不知道我在心里想什么。
>
> 听不懂又不能动，好无聊啊！要是M老师知道我们戏精上身，在配合她的表演，会不会很郁闷？也不知道M老师跟我一样大的时候是怎么学英语的？她能听得懂老师说的每一句吗？要是有穿越的话，我就穿越做她英语老师，也让她一动不敢动地听我飞快说英语，我要不停地提问她！要是听不懂，我就狠狠批评她！要是她说听得懂，嘿嘿，我就说火星文，看她懂不懂！①

这名小学生丰富的内心活动是对"教师主讲、学生静听"的接受式学习的不满发泄与有力反击。因为教师掌控着课堂教学的话语和秩序，学生在畏惧的心理下做出了"听得懂"的虚假学习外显行为表现以逃避"听不懂"可能带来的惩罚，从而导致学生在课堂上的公开行为与内隐心理的分裂。按照美国社会学家欧文·戈夫曼（Erving Goffman，1922—1982）提出的拟剧理论，学生由于"前台"与"后台"

---

① 摘自某学生的自传。

的呈现差异,"陷入了表达与行动对峙的困境之中"①。教师凝视和诸多同学旁观下的课堂对学生来说仿佛就是"前台",为了给现场的作为观众的教师和同学留下好印象,学生会努力呈现出认真学习的模样。如同戈夫曼所说:"当一个个体出现在他人面前时,他的行动将会影响他人此刻的情境定义。有时,个体会按照一种完全筹划好的方式行动,以一种既定的方式表现自己,其目的纯粹是为了给他人造成某种印象,使他们做出他预期获得的特定回应。"②该名小学生"表现出一副听得懂的样子","时时点头面露微笑",即是"一种完全筹划好的方式行动"和"一种既定的方式",借此来向教师和同学显示其"在认真学习"的印象,进而获得他们的称许和认同——这是一个好学生。"当个体在他人面前呈现自己时,他的表演总是倾向于迎合并体现那些在社会中得到正式承认的价值,而实际上他的全部行为却并不具备这种价值。"③的确如此,该名小学生在不可见的"后台"实际进行的开小差的心理活动并不符合课堂教学的要求规范,并且是需要极力防范的越轨行为。在公开于众的"前台",该名小学生表现得老老实实,服从教师的权威,不敢有任何会令教师产生误解的举动;然而,在"后台",该名小学生假想同教师的角色发生了反转——现实中的教师成为假想中的学生,必须遵照指令老老实实地上课听讲,而现实中的学生成为假想中的教师,试图通过刻意考问、吹毛求疵来刁难学生。这种开小差时的假想对学生而言是一种聊以自慰,虽缓解了他百无聊赖的情绪,甚至给他带来了些许自得其乐的愉悦,但从根本上来说并不利于其学习和成长,因为它导致了学生外

---

① [美]欧文·戈夫曼.日常生活的自我呈现[M].冯钢译,北京:北京大学出版社,2008:27.
② [美]欧文·戈夫曼.日常生活的自我呈现[M].冯钢译,北京:北京大学出版社,2008:5.
③ [美]欧文·戈夫曼.日常生活的自我呈现[M].冯钢译,北京:北京大学出版社,2008:29.

在行为表现与内在心理体验的分裂。值得一提的是,联合国教科文组织早在半个世纪前就提醒教育工作者务必注意:"儿童的人格不能分裂成为两个互补接触的世界——在一个世界里,儿童像一个脱离现实的傀儡一样,从事学习;而在另一个世界里,他通过某种违背教育的活动来获得自我满足。"①

(二)参与式知识学习的体验阐释

在革新的课程与教学理念的指引下,有的教师改变了惯常的"教师主讲、学生静听"的讲授型教学方式,通过创设活动、项目等引导学生参与课堂教学,从而促使学生的知识学习方式由传统的接受式知识学习转向革新的参与式知识学习。一名学生在自传中描述了亲身参与知识学习的经历:

> 那是一堂教对称图形的课,老师在黑板上写下板书"对称图形"后朝着我们说:"今天我们来上一堂活动课。"班级一下子沸腾了,期待着老师的指示。首先,老师给我们分发了一些纸,让我们在想出蝴蝶与树叶的模样后将它剪下来,接着老师问我们通过图片观察到了什么。我高高地举起了手,老师叫到了我,然后向大家展示我的作品。我说蝴蝶和树叶都是今天将要学的对称图形里的一员。老师点了点头,继续说道:"同学们动手折折手中的折纸,看看有没有什么发现?"班里顿时鸦雀无声,过了好一会,我打破了沉寂的气氛:"被折过的蝴蝶和树叶中间有一条痕迹。"老师夸了我的观察细致,说:"对!在数学中,我们称这条竖线为对称轴。"说罢,老师向我们展示了金字塔、埃菲尔铁塔等

---

① 联合国教科文组织.学会生存[M].华东师范大学比较教育研究所译,北京:教育科学出版社,1996:12.

第二章 学生自传的课程论意义

建筑,带我们领略了对称图形的美丽。

接下来,老师又让我们动手剪对称图形,思考生活中日常可见的事物,然后一个个地向大家展示。有的同学剪出了剪刀,有的是双喜,有的是爱心……老师在他创作的花瓶上贴了一朵花,它仍旧是一个对称图形。老师让我们学做一样的"对称图形的组合"。我们小组互相分享各自的作品,我做了一个房子放在了草地上,看着自己的作品,感觉到满满的成就感。这节趣味横生的数学课让我印象深刻,不仅让我在实践中学习到数学知识,同时让我感受到数学的神奇魅力。①

显然,教师在此采用了活动教学法而非传统的讲授教学法,这也正是给学生留下深刻印象的首要原因。"传统教育学将重点放在接受的获得和记忆上。如今正相反,实验心理学已经承认了一种超越联想和习惯的智力的存在,并将智力归功于真实的活动,而不仅仅是认知的能力。"②在活动教学法视域下,学生是通过杜威所说的"做中学"的方式来进行学习的,由此,学生成为能动的参与主体而非被动的接受客体。在呈现的这节数学课中,教学的主要目标是理解"对称"的概念及认识"对称图形"。不同于讲授教学中只得被动依靠符号加工的方式来学习概念,学生在活动教学中通过思考、试做、展示、交流、讨论等一系列活动来学习概念。教师并没有将"对称"及"对称图形"的知识当作重难点来精讲,而是通过创设活动将其转化为要探究的任务,这无疑有助于促进学生的深度学习。当代学习科学研究也已经证实:"如果学生学习的仅仅是教师讲授的知识,是不能对概念有深刻理解的。只有积极参与到自己的学习中来,学生才能深

---

① 摘自某学生的自传。
② [瑞]让·皮亚杰.教育科学与儿童心理学[M].吴泓缈译,北京:教育科学出版社,2018:171.

刻理解概念。"[1]通过参与,教科书呈现的静态"知识"(knowledge)转化为动态的"识知"(knowing),这即意味着学生的知识学习从重结果导向转化为重过程导向,原本作为结果的"知识"则成为"识知"过程的副产品之一,除此之外,学生的实践能力、协作精神、探究思维、表达能力等都有机会得到发展。相较于重结果导向的教学,重过程导向的教学更能引起学生的关注。一名学生描述了在讨论课上的学习经历:

> 上画画课的时候,老师说要画科幻画,发给我们每人一张画纸,随意画自己心中的理想世界。由于我们不知道画什么,就开始了一场热闹的讨论,老师似乎并不太生气。这一场讨论,非常满足! 我喜欢这一节课,因为我好像从未这样在课上这么长、这么久地开心讨论过。[2]

在这堂美术课上,学生也是通过讨论的方式来参与学习的。在传统的美术课上,面向学生的学习内容要么来源于既定的教科书,要么由教师事先确定,学习方式是一种依照教师的示范指导的模仿学习;然而,在这堂美术课上,教师并没有限定学习内容,也没有要求学生采用封闭结构的模仿学习法,而是赋予学生自由学习的权利,为他们提供公开讨论的机会,从而确保了学生作为学习主体的地位。事实上,教学不只是一种技术,更是一种艺术,有着远超技能和技巧方面的要求,追寻着多元化和个性化的创造。教学是指向学生发展的实践活动,倘若学生的发展特征、心理、需要等并没有被当作开展教学的前提,学生在教学中也没有得到充分参与、互动交流、反思改进

---

[1] [美] R. 基思·索耶. 剑桥学习科学手册[M]. 徐晓东等译, 北京: 教育科学出版社, 2010: 2.
[2] 摘自某学生的自传。

第二章 学生自传的课程论意义

等能够促进自身发展的机会,这种教学无疑不受学生的认同和接纳,随之也无法达到促进学生发展的应然目的。

设想一位教师无视学生的前在知识基础和当下学习需求,只是在课堂上照本宣科、就教材讲教材,并硬性督促学生识记知识要点,其结果必然会导致学生形成消极的学习体验。反之,倘若一位教师在课堂教学中能够激发起学生的学习兴趣,能够将教学知识与日常生活相关联,能够给予学生进行实践探究的机会,其结果必然会促使学生形成积极的学习体验。一名学生在自传中描述了不同教学方式导致的学习体验的逆转和反差:

> 那是初二的第一节物理课,我们之前接触的理科的学科只有数学。本来大家对物理课并不抱多大希望,因为听师姐也说物理非常的难。第一节上课,物理老师让我们折纸飞机,问我们飞机如何折才能飞得远,说等会比赛看谁飞得远,可以小组讨论,也可以自己折。15分钟之后,我们在走廊里现场进行了比赛,选出来了飞得最远的飞机,老师给予了奖励。剩下的时间,老师拿出来了一个玻璃杯,又拿出来了一个鸡蛋,问我们,当把玻璃杯放满水后将鸡蛋放进去会发生什么?大家都说沉下去。老师将鸡蛋放入,果然沉了下去。"如果再往里面放盐呢?"大家都不说话了。老师开始一勺一勺往玻璃杯中加盐,我们眼睛一直盯着看,直到鸡蛋慢慢地在盐水里浮起来。大家叹为观止,好像踏入了一个新奇的世界。
>
> 但是后来我的物理学习如何是显而易见了。后面的物理课忠实于课本,变得越来越枯燥,而我也越来越没有兴趣,也就越学不好,越学不好也就越没有兴趣,最终陷入了死循环。物理成了我理科课程中一道永远无法跨越的天堑。
>
> 在第一节课引出学生对学习物理的兴趣之后,我们开始按

部就班地按着书本顺序讲公式、讲实验、讲习题。大家也逐渐失去了第一节课被激起的兴趣。我清楚地记得,当时班里有一个同学说,本来以为物理很有意思,原来这么无聊。我很奇怪,教师第一节课可以讲得那么生动有趣,为何回归了课本,不能继续沿用这种教学方法,而变成了照本宣科。①

学生原本觉得"物理非常的难",因而"对物理课并不抱多大希望"。但教师在第一节课创造性地采用游戏式活动教学的引导,成功地"引出学生对学习物理的兴趣",通过让学生亲身领略和亲眼见证物理学科的魅力,使得"大家叹为观止,好像踏入了一个新奇的世界"。从对物理课不抱希望到叹为观止的逆转,究其根本,是得益于教师的精妙教学运思。在第一节课上,教师综合运用了问题教学、游戏教学、探究教学、实验教学等多种教学法。教师以提问"飞机如何折才能飞得远"开始了本次课堂教学,这显然是一种问题导向教学。较之于平铺直叙的知识讲授教学,问题导向教学更能激发学生的参与和激活学生的思维。因为在问题导向教学过程中,学生不是安坐不动、静听教师讲授的被动学习者,而是动脑思考、想方设法迎接挑战的积极学习者;为了解决问题,学生唯有主动探究、交流分享才有可能破除疑难。在接受式知识学习过程中,教师也会面向学生提出问题,然而,"提问时像是在做一种游戏,一种把问题置于死地,最终能找到答案的游戏"②;并且,学生找到问题的答案往往是靠教师讲授或教材书本,致使学生实际上处于为教师或教材所束缚的学习客体地位。杜威针对传统的"教师讲授、学生静听"式教学的弊端,就曾提出要实施问题导向教学,在改变学生学习状态的同时也改变教师

---

① 摘自某学生的自传。
② [加]马克斯·范梅南,李树英.教育的情调[M].李树英译,北京:教育科学出版社,2019: 29.

的教学状态,借此重构教学生态和师生关系。"教师和书本不再是唯一的导师;手、眼睛、耳朵、实际上整个身体都成了知识的源泉,而教师和教科书分别成为发起者和检验者。"①

从折纸飞机、扔纸飞机的活动角度来看,这是一种游戏教学。已有研究表明,游戏教学能够激发学生的学习兴趣,丰富学生的学习过程,增进学生的学习效果。通过游戏,学生感受到学习的快乐,学习对他们而言不再是枯燥无聊的苦差,而是充满趣味的乐事。游戏教学不仅是有乐趣的,而且是有意义的。正如杜威所说:"游戏有一个目的,这个目的就是一个起指导作用的观念,它使一个人的继续的行动有意义。做游戏的人们并非仅仅做一件什么事(纯粹身体的活动);他们正在去试做一件什么事情,或者要取得一个什么结果,这种态度包含激发他们目前反应的对未来结果的预测。"②换言之,游戏教学并非仅仅是激活学生的身体参与,而是激活学生的思维参与。更进一步说,游戏教学并非只是在教学过程中创设一些有趣的游戏活动,更重要的是在于将教学本身转化为一种游戏——理性的探险游戏。"教学活动本身即是一种理性的探险,亦即师生双方不断地借助于理性去理解教学活动的各个要素,不断地拓展自己的思想领域,将思想的触角伸向远方,探索种种'未知世界'的过程,并在这个过程中获得亚里斯多德所说的那种'理智的愉悦'。"③若要将教学突显出"理性的探险"的游戏精神,学生的思维必需有"理性的探险"的空间,亦即学生必须有机会"不断地拓展自己的思想领域,将思想的触角伸向远方,探索种种'未知世界'",这意味着教学必须是开放而非

---

① [美]约翰·杜威.学校与社会·明日之学校[M].赵祥麟等译,北京:人民教育出版社,2005:251-252.
② [美]约翰·杜威.民主主义与教育[M].王承绪译,北京:人民教育出版社,2001:220.
③ 石中英.教学:一种理性的探险[J].教育科学研究,2003(5):19.

封闭的,是生成而非预成的,是互动式而非授受式的。在这堂课上,教师设计的讨论和实验等活动环节赋予了学生进行"理性的探险"的可能,点燃了学生的思维火花,丰富了学习的深层意义。

然而,当教师"回归了课本,不能继续沿用这种教学方法,而变成了照本宣科"时,学生的学习兴趣及学习效果再次发生逆转。这并非偶然个例,而是将学生置于被动接受学习客体地位导致的必然。将学生排除在外的教学显然是无意义的,正如美国教育家杰罗姆·布鲁纳(Jerome Bruner,1915—2016)所提醒的:"如果一门课程的目的只是要把握些什么,只是要传递某些信息,那么,其意义就微乎其微。就达到上述目的而言,其实教授未必是一种最好的方式。除非学习者能够成为自己学习活动的主人、提升品位并深化对世界的认识,否则,所要把握的那些'内容'是不值得传授的。"[1]如前所述,只有能够让学生积极参与的学习才是有意义的,在积极参与的过程中,学生也随之成为自己学习活动的主人。

总的来说,参与式学习具体包含了探究、讨论、实验、项目等多种学习方式,尽管切入点和侧重点有所不同,但它们有着共同的认识论基础,即杜威所概括的"参与者式的认识论"。杜威区分了两种认识论:一种是"旁观者式的认识论",即:"认识论是仿照假设中的视觉动作的模式而构成的。对象把光线反射到眼睛上,于是这个对象便被看见了。这使得眼睛和使用光学仪器的人发生了变化,但并不使被看见的事物发生任何变化。实在的对象固定不变,高高在上,好像是任何观光的心灵都可以瞻仰的帝王一样。结果就不可避免地产生了一种旁观者式的认识论。"[2]客观主义认识论即是一种"旁观者式的认识论"。另一种是"参与者式的认识论",即:"如果有生命的有

---

[1] [美]布鲁纳.教学论[M].姚梅林译,北京:中国轻工业出版社,2008:63.(译文依据原文略有调整。)
[2] [美]约翰·杜威.确定性的寻求[M].傅统先译,上海:上海人民出版社,2005:16.

第二章 学生自传的课程论意义

体验的人是他所在世界活动的亲密参与者,那么认识就是一种参与的方式,这种知识有多大效果,就有多大的价值。知识不能是一个漠不关心的旁观者的无用的观点。"①杜威认为,"旁观者式的认识论"是一种时代错误,从"旁观者式的认识论"演进到"参与者式的认识论"是历史的进步。在"参与者式的认识论"的视域下,知识并非从外部灌注到人的心灵中的,而是在人与环境的交互作用中建构生成的,人与环境的交互作用即意味着人是能动的参与者。一名学生在自传中叙述了能动参与之于知识学习的重要意义:

> 化学老师在讲述完金属铝的有关知识后,让我们做了这样一个讨论活动:就是否应该停止使用铝制饮料罐这一问题,让我们分别以下面不同的角色身份对这一问题提出自己的看法,如:1. 开采铝矿的工人;2. 制造铝制饮料罐的工人;3. 饮料公司的老板;4. 售货员;5. 消费者;6. 环保局官员;7. 回收公司的人员……当时同学们根据不同的身份角色发表了不同的看法,有的看法甚至是完全相反的观点,课堂气氛瞬间活跃了起来。通过大家的发言,老师最后总结得出:每个人都是站在自己的立场看问题的,在制定政策和方案的时候,要防止独裁和偏颇,就必须让尽可能多的人参与意见、发表看法,这样制定出的东西才能比较合理,才能为大多数人所接受,这个社会也才相对比较和谐。
>
> 当时的感想:化学与我们的生活如此息息相关!化学不仅是枯燥的方程式,原来还可以在化学课上发表自己的观点,和同学们展开这么有趣的讨论:从铝罐让我们喝饮料时比较方便这

---

① [美]约翰·杜威.民主主义与教育[M].王承绪译,北京:人民教育出版社,2001:356.

一点出发,用铝制饮料罐好;从环保角度出发,制作铝罐耗费大量的矿产能源资源,用铝制饮料罐不利于环保,应积极回收循环利用它们;从健康角度出发,用铝罐使饮料或多或少含有一点铝离子,过多铝离子对身体有害,偶尔喝一两罐铝罐饮料没关系,但长时间大量饮用造成铝离子在身体里累积过多,对身体有害……通过那节课,我感受到应该从多个角度去看待同一个问题,而不是只考虑一个方面。①

显然,这堂化学课之所以给学生留下了深刻印象,是缘于学生在教师的指导下体验了不落窠臼的知识学习方式。学生们通过角色扮演从不同的角度来讨论交流金属铝的应用知识,这是一种共同参与、共创新知的协同学习。协同学习是对传统知识学习方式的超越,因为传统知识学习常常是单子式学习——学生是各学各的,即便班级里有不少毗邻而坐的学生在同一时间学习;也常常是竞争性学习——学生之间在个人的学习表现、成绩、排名等方面展开彼此竞争,甚至出现"提高一分、干掉千人"的过激心理。这种知识学习无疑落后于当今社会的发展形势,互助、合作、共享、共赢已成为时代发展的主旋律,当前的知识学习也应发生与时俱进的变革。"在'课堂革命'的现时代,我们需要从陈旧的观念——每一个人同他者无关,以自己的努力来面对对象(教学内容),凭借自己的力量来掌握教学内容——中解放出来,在寻求主体之间的关系与相互交汇的脉络中,来形成与发展学习。这样,我们就可以从传统的教学——给优等生造成优越感、给学困生造成劣等感的教学——中摆脱出来,真正走向探究性的'协同学习'。"②

---

① 摘自某学生的自传。
② 钟启泉.课堂革命[M].南京:江苏人民出版社,2017:54.

此外,学生在这节化学课上体验到的参与式知识学习显然突破了竞争性学习的束缚,也是一种如布鲁纳所描述的互惠学习,因为通过角色扮演与互动讨论,学生能够受惠于彼此的观点分享与交流,从而促进集体心智的发展。具体言之,在这节化学课上,学生通过扮演产业工人、商业人士、消费者、政府官员等角色,基于不同的立场来各抒己见,由此不仅丰富了静态教科书知识的内容,也启发了学生要相互对话、相互聆听及意识到"从多个角度去看待同一个问题而不是只考虑一个方面",从而实现了掌握知识学习结果与知识学习方法的融为一体。"如果互惠的团体试图通过激励每个人为集体做贡献的方式来支持个体的学习,那么我们就应该包容不同的角色,如批评家、革新者、帮手、忠告者等。正是通过这种相互联系的各种角色的形成与发展,参与者才能真正感受到社会团体中的互惠。"[1]可以说,唯有每个学生的积极参与,知识学习才会富有意义,每个学生才能真正学有所获并合作共生。

三、社会性自传:学生—教师互动的体验阐释

"作为认知性、文化性实践的学习,在教室这一场所中,是通过师生关系与生生关系这一人际间的社会性沟通来实现的。当某种内容得到表达与传递时,通过对该内容的表达与传递,学习者与他人之间的人际关系与权力关系或得以构筑,或被破坏,或得到修复。作为认知性、文化性实践的学习同时也是作为社会性、政治性实践而展开的。在这个社会性、政治性实践中,学习者开展着重新编织与教师、与其他同学、与教室之外的人的人际关系及其意义的实践。"[2]如卡

---

[1] [美]布鲁纳.教学论[M].姚梅林译,北京:中国轻工业出版社,2008:110.
[2] [日]佐藤学.教育方法学[M].于莉莉译,北京:教育科学出版社,2016:84.

尔·马克思(Karl Marx, 1818—1883)所说：人的本质是一切社会关系的总和。就学生而言，其来到学校接受教育的一大目的是在学校这个雏形社会中学习正确认识及处理社会关系。因此，学生的学校生活也突出地表现为一种社会生活。课程生活是学生学校生活的主要构成，学生在课程生活中经历的人际互动是他们体认与实践社会关系的主要途径。毋庸置疑，"学生—教师互动"是学生在课程生活中与诸多他者进行人际互动中的最基本的、也是最重要的人际互动。在本研究过程中，笔者将不同学段的学生自由撰写的社会性自传素材加以分类整理，着重筛选与"学生—教师互动"有关的文本内容，而后进行理解性阐释。

一般来说，学生与教师之间的人际互动多是围绕知识教学来展开的，毕竟知识教学是课程生活中的主要活动。如前所述，教师的知识教学观影响了学生的学习方式，同时也会影响学生与教师之间的人际互动情况。简言之，在教师主导"学生—教师互动"的情形下，教师在知识教学过程中面向学生呈现的角色差异，导致学生经历了不同的互动处境。吴康宁教授曾从教育社会学的视角分析了师生人际互动时的角色差异问题："教师与学生的互动较为复杂，课堂中的教师有双重任务：教书与育人。教书的职责规定教师与学生分别为工具性角色，师生之间的交往为'事本主义'的联系，教师对学生采取距离相等的'普遍主义'态度，教师与学生的互动规则亦为一视同仁的'公正法则'；育人的责任则全然不同，育人要求师生之间有亲密的充满情感的关系，即'情感角色'，教师与学生的交往原则是'以学生为中心'的需求法则，而非'以规则为中心'的公正法则。"[①]显然，教师面向学生呈现出的以教书职责为主的工具性角色与以育人职责为主的情感性角色会在教学活动中有不同的行动表现，随之也会激起学

---

① 吴康宁.课堂教学社会学[M].南京：南京师范大学出版社，1999：74-75.

生不同的角色体验回应。

（一）公正法则作用下学生—教师互动的体验阐释

当教师呈现的是以教书职责为主的工具性角色时，在"事本主义"处事逻辑和"普遍主义"行为态度的规约下，师生之间的人际互动通常显得很单一，学生由此而来的人际互动体验则会同质化。笔者在研读众多学生撰写的社会性自传时，发现"学生—教师人际互动"的内容主题多是或因顺利配合完成教师布置的教学任务而受到教师的表扬，或因没有顺利配合完成教师布置的教学任务而受到教师的批评。一名学生传神地描述了受到教师惩罚的情景：

> 在二年级的语文课上，老师讲了一首诗，其中包括生字的读音以及诗的讲解；然后她布置学习任务也就是让我们回去默写，但是她没有说会抽人上黑板默写。那时对语文不感兴趣的我，回家只顾着玩了，哪里想着老师的作业，更不会想到她会抽我去黑板上默写古诗。然而，就在上完古诗的第二节课，老师抽了两名学生，其中一个是我，另一个是她的外甥女。在那个时候，我的成绩在班级排名中等偏上，而那位老师的外甥女成绩比较差。但在默写古诗的时候，她写出来了，我却没有写出来。
>
> 我尴尬地站在讲台上，手拿着粉笔，使劲地回忆老师上节课讲的古诗。眼看着旁边的同学快要将古诗写完了，而我一个字也没有写出来！我感觉背后的几十名同学都在那里看着我，当时心里面感觉有一万只蚂蚁在那里啃我的小心脏，好想装病倒下去，找个洞钻进去，然后想着下次课一定得好好完成老师布置的作业，以免下一次再被老师抽中一个字也写不出来。经历了这么多的心理挣扎之后，旁边的同学默写完了古诗，老师也开始说话了，然而这才是我最难忘的开始。

"连 A 都能默写出来的诗,你居然一个字也没写出来,下课都干嘛去了?"老师训斥道。我什么也没有说,心里想着:老师您赶紧让我下去吧!我下次再也不敢不完成作业了!但是,我那时候胆子小,不敢说出来。老师见我没说话,又说话了。这次更加过分了!我不知道是因为我没说话让老师不高兴了,还是她就想惩罚我。

"你,站到讲台中间去!当着大家的面说:下次会好好完成任务!并打自己一耳光,然后就下去!"顿时,我心里落差十万八千里,已经没有什么心理挣扎了,只觉得脸一下子变得通红,眼泪也快掉下来了。梦想就是像电视剧里面的剧情那样,突然出现一个男主角来救自己。然而,现实就是特别丢人、特别不情愿地在众多双眼睛下做了老师要求做的事。本来语、数就两极分化的我,对语文更加不感兴趣了。①

在此案例中,先不论及教师反教育的变相体罚失当行为,教师对两名学生不同的处理方式无疑验证了前文所引吴康宁教授的论断:"教书的职责规定教师与学生分别为工具性角色,师生之间的交往为'事本主义'的联系,教师对学生采取距离相等的'普遍主义'态度,教师与学生的互动规则亦为一视同仁的'公正法则'。"②从当事教师的视角来看,一名学生能顺利默写出古诗,一名学生不能顺利默写出古诗,自然是前者值得认可,后者值得审度;再考虑到能顺利默写出古诗的学生"成绩比较差",而不能顺利默写出古诗的学生"成绩在班级排名中等偏上",自然是后者的表现更加令人难以接受;再考虑到提前已布置学习任务要求学生课下默写,"成绩比较差"的学生按

---

① 摘自某学生的自传。
② 吴康宁.课堂教学社会学[M].南京:南京师范大学出版社,1999:74-75.

第二章 学生自传的课程论意义

要求遵循了指令,"成绩在班级排名中等偏上"的学生却置若罔闻,结果两相比较,教师自然是对后者怒不可遏;既然学生出现了明显过错,基于"一视同仁的'公正法则'",自然是要对其采取"惩罚"——让过错学生"站在讲台中间,当着大家的面,说下次会好好完成任务,并打自己一耳光"。概而言之,从当事教师的视角来看,这是基于"公正法则"施加的无可厚非的正常行为。然而,透过当事学生的自述,可以看出教师的所作所为存在诸多问题并且产生了适得其反的效果。从形式上来说,学生并没有用显性的行为或话语直接与教师产生人际互动;但实质上,学生通过丰富的心理活动确实回应了教师的所作所为——具体说来,共有三个回合阶段的人际互动。综合来看,这是一种内隐的人际互动,并且,由此实际产生的影响更为深刻。

在第一个人际互动回合阶段,当教师点名学生上台默写古诗时,当事学生在经历了慌张之后,反省了自己的过失,也暗下决定以此为教训后续端正态度认真投入学习。客观来说,此回合阶段的师生人际互动有着积极正向的教育意义。在第二个人际互动回合阶段,当教师训斥学生时,学生心生畏惧也有求饶心理,仍能暗自保证"下次再也不敢不完成作业了"——此回合阶段的师生人际互动对当事学生来说依然有着正向的触动意义,但相较于第一回合阶段显然有所变质,因为学生的心理从反省变成了恐惧——如学生自述"胆子小,不敢说出来",这显然给当事学生带来了不利处境,"不只在口头上,任何形式的恐惧都会损害心智,破坏敏感性,钝化感官"[①]。并且,这对 A 学生来说,也是有负面作用的,因为教师所说的"连 A 都能默写出来的诗,你居然一个字也没写出来"的话语暗含着默认 A 学生不如当事学生的意味,从而导致当事学生之所以受罚似乎也是由于表

---

① [印]克里希纳穆提.教育就是解放心灵[M].张春城等译,北京:九州出版社,2010:10.

现不如 A 学生而非源于自身过失的归因偏差误解。在第三个人际互动回合阶段,当教师严令学生"站在讲台中间,当着大家的面,说下次会好好完成任务,并打自己一耳光"时,学生心里只有羞辱感——"心里落差十万八千里,已经没有什么心理挣扎了",在"特别丢人、特别不情愿地在众多双眼睛下做了老师要求做的事"后,学生的心理由此受到严重伤害。"心理伤害的后果是在自己周围建立一道墙,来抵抗进一步的痛苦,并因此变得担惊受怕或与世隔绝。"[1]这也正是当事学生会对教师以及教师任教学科产生排斥之心的原因。显然,第三个回合阶段的师生人际互动完全是消极负面的,对学生的学习发展产生了严重的不利影响。总的来说,这三个回合阶段的师生人际互动实际教育效果每况愈下,直至完全逆转。

值得注意的是,公正法则不只是单方面用作教师对学生的互动处事逻辑,反过来,也会用作学生对教师的互动处事逻辑。换言之,学生会要求教师全心全意地履行教书职责。倘若教师做不到有效履职,那么,学生也可能会用公正法则来反制教师。一名学生的自传描述了学生基于公正法则来反制教师的故事:

> 我高一遇到的语文老师一点也不会教课。她年轻漂亮,打扮时尚,普通话又好,是学校女老师的牌面,每次上级领导检查,校长都叫她带队。但是,她真的不会教语文。
>
> 不会教,表现在她自己的语文学识不够,并且不会教学,没有课堂魅力。当时是我们省新课改第一年,所用教材的内容和以往有很大不同。她除了教授教参上的内容,没有自己的思考和解读,每节语文课除了读课文,划分段落层次,照着注释疏通

---

[1] [印]克里希纳穆提.教育就是解放心灵[M].张春城等译,北京:九州出版社,2010:37.

文意,看着教参死记硬背主题思想,根本没有新意。如果有学生提问比较晦涩的问题,那整堂课直接就毁了,因为她根本给不出有力的解释。

  刚开始我们还能欣赏着她的穿着打扮撑过一节课,久而久之,真觉无聊,把最有发挥空间的语文课上成和尚念经,真的和慢性杀人一样难受。我们当时是实验班,班里的同学基础都比较好,再加上有实验班的优越感,怎么可能乖乖配合她念经。接下来的语文课,只见她一个人在读教案,全班没有一个人抬头,她提问题也没有人愿意回答。虽然她也做了调整,但依然弥补不了她个人学识水平和教课魅力的缺陷,终于在一次无人理她的语文课上,她哭了。对,沉默了很久的课堂,突然传来了轻轻地啜泣声。我抬头就看到年轻漂亮的语文老师,站在讲桌前梨花带雨。全班没有一人安慰她,她哭完了,愤愤地喊道:"不想上我的课,那你们去和校长说把我换了啊!"一般老师这样说,都是对学生变相的威胁,学生会因为不敢告诉校长而妥协,但是,她说了之后,班里真的有人去和年级组长反映要换语文老师。后来,全班联名投票她的去留,结果就是,全班几乎所有的学生,包括我,都诚恳地写下了希望换掉她的理由。年轻漂亮的语文老师,就这样被全班同学一起轰下了台。[①]

在此案例中,教师之所以被全班学生联合一起轰下台,根源在于教师自身的专业素养过低,没有达到学生的预期要求。"学识不够,并且不会教学,没有课堂魅力……除了教授教参上的内容,没有自己的思考和解读",这些描述则是学生心目中教师专业素养过低的具体表现。在公正法则的作用下,当学生无法顺利完成教师布置的常规

---

① 摘自某学生的自传。

学习任务要求时,则有可能受到教师的批评或责罚;按照同样的处事逻辑,当教师因专业素养过低且没有改进的空间而无法胜任指导学生学习的工作时,其权威就会受到学生的质疑及挑战。

有学者研究了教师权威的来源,将其分为三类:"官僚型权威体现在教师有权利通过打分的方式,来奖励学生的努力及优秀表现,以及利用规定好的行为后果来处理学生的不当行为。专家型或专业型权威是基于教师的知识和技能:学生会接受老师所传授的知识,是因为教师在这个学科领域的专业特长。最后一类是魅力型权威,具有魅力型权威的教师善于表达,外向活泼,他们能够积极地与学生互动、交流。学生听从这类教师的教导是因为他们喜欢并被其人格魅力所吸引。"①在这三类权威中,官僚型权威源于制度保障,魅力型权威源于人格特性,专业型权威则是教师最应具备的权威类型,也是最重要的权威类型,因为教师原本就是从事教书育人工作的专业人员,所以,专业型权威更贴近教师的本职工作要求。

具体就本案例而言,当事教师前期更多表现为魅力型权威,因其突出的外在条件吸引了学生的注意——"刚开始我们还能欣赏着她的穿着打扮",同时也由于身为教师的正式职业及校长的器重而具备一定的官僚型权威。然而,随着时间的推移,由于她的专业素养未能达到学生的期望,从而导致其专业型权威不断弱化,同时也连带削弱了魅力型权威——学生"久而久之,真觉无聊",甚至超过了其所具备的官僚型权威的优势,进而引起了学生无声的反抗——"她一个人在读教案,全班没有一个人抬头,她提问题也没有人愿意回答"。当专业型权威荡然无存时,学生则会打破沉默,以公正法则为"武器"来进行公开回应——在"她真的不会教语文"的情形下,学生无视"变相

---

① [美] Carolyn M. Evertson, Edmund T. Emmer. 透视小学生课堂行为[M]. 赵琴译,北京:中国轻工业出版社,2016:85.

的威胁",不愿妥协,坚持去向年级组长反映以及全班几乎所有学生联名投票希望换人即是具体的明证。总的来说,教师的专业素养是教师权威运行的专业基础,教师专业素养的高低直接决定着教师权威的高低。在此情形下,教师应努力提升自身专业素养,以获取学生的根本性认可,从而保证自身权威的积极运行。①师生之间的人际互动尽管有着社会性互动因素,但究其根本是一种教育性和专业性互动,因此需要教师着力提升自身的专业素养,从而增强互动的专业性,以期发挥互动对学生的教育性意义。

(二) 情感法则作用下学生—教师互动的体验阐释

除了惯常的公正法则,情感法则也会对学生与教师之间的人际互动产生影响。所谓情感法则,并非指通过外显的方式用喜怒哀乐等情感直接作用于人,而是指不经意间顺着人性情感的自然流露而与他者展开深层情感互动交流。公正法则是源于制度管理的硬法则,情感法则是源于人性本然的软法则。英国哲学家约翰·斯图尔特·穆勒(John Stuart Mill, 1806—1873)甚至将情感法则视为社会运行的唯一法则:"社会现象的法则是,且只能是,不外乎社会状态的绑结一切人类的行动与情感法则。但是人类即使处于社会状态,也还是人;他们的行动与情感顺从个体人性的法则。"②在情感法则的作用下,师生之间的人际互动充满着人性的魅力,从而让学生产生难以忘怀的积极体验。一名学生在自传中描述了旁观到的师生人际互动的情景:

记得有一次上课(虽然我忘记了当时在讲什么),同学们都

---

① 沈萍霞.教师权威:困境与出路[M].西安:陕西师范大学出版总社,2017:62-63.
② [美]安乐哲.儒家角色伦理学[M].孟巍隆译,济南:山东人民出版社,2017:150.

在认真听讲,然后从教室后面小声地传来了不同的声音。所有人听见了都向后望去,然后就看见一个平时成绩不太好的男生在自言自语。每个人都以为老师会发脾气,然后骂那个男生一顿,但老师却出乎意料地走到那个男生面前,用一种意想不到的温柔语气问那个男生在说什么。然后,那个男生就站起来表达了自己的意见,声音又小,讲得又不明确,絮絮叨叨的。但在这个过程中,老师一直望着那个男生仔细聆听着,一点不耐烦的意思都没有,甚至在听完那个男生的意见后,还给了热烈的表扬——表扬他敢于大胆发表意见,并能够对老师所讲的内容提出自己的看法。当时年幼的我简直惊呆了!课堂上小声说话竟然被表扬了!这简直难以想象!因为从小到大接受的教育就是听老师的话,况且他又没有举手回答问题,还跟老师唱反调。当时的我不是很明白,但却一直记在心里。直到今天,依然觉得老师当时的做法很惊艳。①

在这场师生人际互动中,当事学生率先毫无征兆地私自用"自言自语"来回应教师,而且还是在"同学们都在认真听讲"之时"自言自语",由此中断了正常的听课过程,给上课的其他学生带来了一定的干扰,导致"所有人听见了都向后望去",且当事学生还是"一个平时成绩不太好的男生"。若按一般心理习惯,当事男生是课堂教学的挑战者、干扰者乃至破坏者,教师应当"会发脾气,然后骂那个男生一顿",然而当事教师"出乎意料"的举动以及"意想不到的温柔语气"与"每个人都以为"的画面产生了鲜明对比,此为第一重逆转;当事学生公开发言时"声音又小,讲得又不明确,絮絮叨叨的",按一般心理习惯,即便教师不勃然大怒,也会心生不耐,然而当事教师"一直望着

---

① 摘自某学生的自传。

那个男生仔细聆听着,一点不耐烦的意思都没有,甚至在听完那个男生的意见后,还给予了热烈的表扬",这又与"每个人都以为"的画面产生了鲜明对比,此为第二重逆转。教师打破常规的两次逆转取得了突出的效果,让旁观学生"直到今天,依然觉得老师当时的做法很惊艳",究其原因在于教师不落俗套的教学举动——教师尊重学生的主体地位并切实采取了以学生为本的言行,不是片面地让学生"听老师的话",也没有压制学生的"跟老师唱反调",而是反其道而行之,能够"仔细聆听"学生的话并表扬"跟老师唱反调"。

综合来看,"声音"是本次学生—教师互动的显在因素。学生的小声自言自语、言不达意、絮絮叨叨与教师的温柔询问、耐心聆听、热烈表扬形成了鲜明对比。或许可以说,这是一次截然相对的两种"声音"的互动。"从隐喻的层面来说,'声音'表达的不仅是种谁来言说的权力,在其背后还潜藏着人与人的关系;它不仅表征着人的角色、身份、地位,还饱含着人的情感、意义和价值。"[①]当事教师没有武断地用权威的声音来遮蔽学生真实的声音,无疑体现了教师对学生话语权的尊重——再平凡不过的学生都能够自由发声,这必然能激起其他学生作为言说主体的情感共鸣。

更进一步说,当教师呈现的是以育人职责为主的情感性角色时,在人本主义的处事逻辑和作用下,师生之间的人际互动会给学生带来丰富多彩且富有意义的情感体验。一名学生在自传中描述了一次不同寻常的师生之间的人际互动:

> 当时的班主任兼语文老师A,是一位干练兼母性慈爱感的女老师。她的课堂真的是春风化雨、循循善诱、嚼之有味,其中

---

① 余宏亮.教师作为知识分子——通向知性人生的角色重塑[M].重庆:西南师范大学出版社,2017:60.

有一节课让我终生难忘。我已经记不起到底是上哪一篇课文,只记得老师为了让我们理解文中主人公得到温暖时的心情,她和全班同学挨个握手。当时班里有60名学生,她花了一节课的时间握了60次手,每当她和一个同学握手,她就对同学说几句鼓励期待的话。当我的小手被握住的时候,她看着我的眼睛,跟我说:"你是班里的才女,我希望你能笔耕不辍,一直写下去。"

那是我第一次"亲密接触"老师,也是唯一的一次。我记得当时内心很忐忑,一股巨大的幸福感包裹全身,多么希望老师能握得久一点,更久一点。她对我的评价可能言过其实,但那次握手后,我的语文成绩竟然一直保持着优秀,从初一到早已离开她参加高考时,都一直保持着年级第一的位置。她不是我中学里遇见的最博学的语文老师,但绝对是最会教语文、最会带学生的语文老师。如果她当时只是说了那句话,没有握手的过程,我或许并不会把那句话种在心里,并且朝着她的期望努力;但那位老师说了,并且是握着我的小手说的。于是,鼓励和期望带来温暖,温暖带来更多的发芽抽叶、花满枝头。①

这次师生之间的人际互动之所以给学生留下了深刻印象,固然是由于教师的温言鼓励,但更主要的是由于教师不同寻常地跟学生一一握手,正如学生所说:"如果她当时只是说了那句话,没有握手的过程,我或许并不会把那句话种在心里,并且朝着她的期望努力。""握手"何以具有如此大的力量?简言之,它能给学生带来"温暖"。手是身体的一部分,直接给人以触觉感知。在传统的课程教学中,学生的双手通常是被管控的对象,听课摆放姿势、写字握笔姿势、答题举手姿势等与手相关的一举一动都受制于教师的指令和课堂的规

---

① 摘自某学生的自传,在此引用时对教师姓名作了匿名处理。

则,手成了工具性存在,学习则被认为是脑的运思,从而导致了杜威所形容的"颈部以上的学习"。手脑分离进一步导致了身心分离。仅通过眼的观看、耳的聆听以及脑的运思,学习因抽象的符号知识的填塞及触觉的缺失而变得有些冷冰冰。然而,手之于人,之于学习,并非无足轻重,而是有着极其重要的意义,"毕竟,手触及这个世界,感受它,掌握它,改造它"①。通过手的接触,对知识的理解将会产生新的体验,而且是与人之为人的本真相关的体验。例如,在古希腊哲学家亚里士多德(Aristotle,前384—前322)看来,"触之为触感是生存于世的本体经验"②。

当教师为了让学生理解文中主人公得到温暖时的心情而与全班同学一一握手时,从学生的学习方式来看,这是一种具身学习,由此获得体知。在现代具身认知理论视域下,"认知不仅仅是抽象符号的表征加工,学习也不仅仅是离身的'精神训练'或'心理操作'。身体与世界互动的活动方式造就并限制了人类认知的种类与方式,适当的身体动作有助于提高学习者对知识的接纳与理解"③。经由手的参与,身体从被动的客体而变为主体,知识随之成为身体化知识亦即具身知识,学习具有了个人属性。国内外相关实证研究表明,身体参与其中的具身学习能够显著提升学生的学业成绩。④学生的自述——"那次握手后,我的语文成绩竟然一直保持着优秀,从初一到早已离开她参加高考时,都一直保持着年级第一的位置"——也证实了前人的研究结论。这也就意味着有效的师生人际互动能够促进学生的学习。除了带来外在学习表现的转变,更重要的是,经由"握

---

① [法]福西永.形式的生命[M].陈平译,北京:北京大学出版社,2011:152.
② 夏可君.身体[M].北京:北京大学出版社,2013:112.
③ 王嘉旖,叶浩生.身体活动与学业成绩:来自具身认知的启示[J].心理学探新,2018(6):492.
④ 王嘉旖,叶浩生.身体活动与学业成绩:来自具身认知的启示[J].心理学探新,2018(6):492.

手"，个体获得了生命存在体验。法国哲学家莫里斯·梅洛-庞蒂（Maurice Merleau-Ponty，1908—1961）从知觉现象学的角度论述了"握手"的意义："当我握住另一个人的手的时候……他人的身体在我面前获得了生命……当我握另一个人的手的时候，我们有他存在的明证。"①同样的思路，可以说："当别人握住我的手的时候……我的身体在他人面前获得了生命……当别人握我的手的时候，就有我存在的明证。"这也正是本次师生之间以"握手"为媒介的人际互动令学生感到温暖的原因，学生内心的体验"一股巨大的幸福感包裹全身，多么希望老师能握得久一点，更久一点"恰恰是学生生命存在被激活的明证。因此，对教师而言，与学生展开互动，除了声音的言谈、思维的碰撞，也可以通过手乃至身体的参与，这样更能营造耐人寻味的氛围。

与公正法则依循的事本主义价值取向相对，情感法则是人本主义的价值取向，落脚点在人的生命成长本身。教育现象学研究者马克斯·范梅南（Max van Manen，1942—　）和李树英在其合著的《教育的情调》一书中特别论述了课堂的生命成长意义："每一堂课都是有生命的。学生不是容器，而是一个个鲜活的生命体。课堂里的老师和学生由于共同的学习和生活会在课堂里面形成一种氛围和气氛。"②显而易见，有生命观照和无生命观照的课堂气氛是不一样的，带给学生的体验也会不一样。充满了客观知识说教的课堂会让人倍感无聊乃至生命的无趣，但富有生命意蕴的课堂会让人感受到生命的奥秘。一名学生在自传中追忆起高中阶段最后一堂课的情景：

---

① ［法］梅洛-庞蒂.符号［M］.姜志辉译.北京：商务印书馆，2003：209.
② ［加］马克斯·范梅南，李树英.教育的情调［M］.李树英译.北京：教育科学出版社，2019：135.

第二章 学生自传的课程论意义

在我近二十年的学习生涯中,说起印象比较深的一节课,我立马想到的是高考前的最后一堂语文课。那时,初夏已是暖风熏人,各科考卷多如牛毛。复习课统统变成了答疑,有人睡觉、聊天,也有人自顾自地复习。

在那节语文课上,我偶尔抬头,看到一道阳光将教室一劈为二,光柱下有点点碎尘,老师就站在这碎尘之中。她不紧不慢、娓娓而言,每一粒碎尘都炫目地飞扬着,构成了我高中生活最后的图景。

老师正在分析一篇现代文阅读。这真是我在学生时代看到过的最奇怪的一篇文章,开头便是:"我登上一列露天的火车,但不是车,因为不在地上走;像筏,却又不在水上行;像飞机,却没有机舱,而且是一长列;看来像一条自动化的传送带,很长很长,两侧设有栏杆,载满乘客,在云海里驰行。"句句隐喻,仿佛梦呓,拿它来作阅读理解,让人抓狂。老师问:"你们有谁看懂了这篇文章吗?"回应者寥寥。当她的眼光扫过我时,我赶紧摇头,她便微笑:"我不指望你们能看懂,但我非常喜欢它。"

于是,在我高考前的最后一堂语文课上,我的老师倚着讲台,从杨绛的这篇《孟婆茶》开始,散漫地与我们谈生死。她说,那是一列通向死亡的列车,我们每个人终会登上它。她讲钱锺书和钱瑗的先后离世,"不要害怕死亡,在漫长的生命中,生和死会交换位置,死亡变轻了,而活着才是最沉重的事"。在最后的铃声响起来之前,老师说:"我希望各位能在高考中取得好成绩。但我更希望,当你们背负着越来越沉重的人生往前走时,依然不会失去感受幸福的能力。"

老师在最后一节语文课上说的那些话我依然记忆犹新。我也开始多多少少明白了其中的意思:我高考前的人生轻薄如纸,越往后走,生活才越显出复杂与沉重的本来面目,如果有一天我们再相见,我一定想要问她:"究竟怎样才不会失去感受幸福的能力?"①

在此案例中,如果从外在形式来看,学生与教师之间的互动并不成功,因为当老师提问时,"回应者寥寥",而后则是老师"倚着讲台"独自述说。在高考前的最后一堂课上,学生遇到了一篇"让人抓狂"的现代文阅读理解题,但教师并没有围绕着考试答题技巧或备考策略来谈,而是"散漫地与我们谈生死",引导学生思考更厚重的人生问题。她对学生既有现实的期盼,更有深远的祝福,如同她最后所说:"我希望各位能在高考中取得好成绩。但我更希望,当你们背负着越来越沉重的人生往前走时,依然不会失去感受幸福的能力。"客观来说,较之于眼前的高考取得好成绩的祝愿,希望学生未来"不会失去感受幸福的能力"的立意更为宏远,但也因此可能显得不合时机,毕竟"生死""通向死亡的列车""背负着越来越沉重的人生"等这些话题本身就很沉重,又是在高考前这个特殊时刻谈及此话题。尽管如此,不得不承认教师超越了教育的功利考量,而走向了教育的本真鹄的。教师的落脚点在于"幸福",而幸福恰恰关乎教育的宏旨。美国教育哲学家内尔·诺丁斯(Nel Noddings, 1929—)明确将幸福视为教育或生活的核心目的,如她所言:"学生应该在标准化考试中表现优秀,进入好大学,找到高薪工作,可以购买许多商品。可以肯定,人们对教育的要求不止这些。但是,这些要求是什么呢?这个问题才是目的讨论的实质。……教育工作者的大部分责任是帮助学生去理解有关幸福的困惑和难题。"②正是由于教师关注到了教育的本真鹄的,从而导致看似散漫的话题却让学生"依然记忆犹新"。并且,学

---

① 摘自某学生的自传。
② [美]内尔·诺丁斯.幸福与教育[M].龙宝新译,北京:教育科学出版社,2009: 4—14.

生也的确受到了教师的启发,教师的话语在学生心底埋下了一粒种子,经过若干年的生长终于破土而出。学生在最后一段所写的感悟即是对教师当年寄语的回应,从这点来看,学生与教师之间展开了跨时空的互动,并借助这种互动感受到了生命成长的内涵。"生命是什么?对教育来说,就是人,是具体的、现实的、有血有肉的活生生的个体,是以人的方式展现的'人',而非是展现'物性'或成为'工具的人'。"① 在情感法则的作用下,学生—教师互动不再只是刻板的社会角色之间的常规互动,学生由此感受到教育的人性光辉。

四、存在性自传:学生身份认同的体验阐释

在课堂学习过程中,"学习者不仅与教育内容(对象)相遇、对话,与教室内外的他人相遇、对话,也不断与自身相遇、对话。课堂中的学习者通过这种参与,既证明自身的存在,也表明自我的态度。反之,被剥夺了参与课堂学习机会的学习者将丧失证明自己存在的机会,面临迷失自我的危机。通过教室中的学习,学习者也在不断地重塑自我,这种不断重新编织自我的学习,可以说是一种作为伦理性、存在性实践的学习"②。事实上,无论是知识学习的体验,还是人际互动的体验,都交织着学生的自我,影响着学生的身份认同。"从本质上说,一个人的身份认同,是他对于自己是个什么人的一种理解。"③ 换言之,无论是在知识学习中,还是在人际互动中,课程生活的诸多活动都会影响着学生对自我的认识和理解。教育是关乎人的发展的社会实践活动,按照教育的应然目标,它应当帮助学生更好地

---

① 冯建军.教育的人学视野[M].合肥:安徽教育出版社,2008:3-4.
② [日]佐藤学.教育方法学[M].于莉莉译,北京:教育科学出版社,2016:84.
③ [英]安东尼·吉登斯等.社会学基本概念(第二版)[M].王修晓译,北京:北京大学出版社,2019:195.

认识自己、确证自己进而完善自己。然而,由于教育现实的复杂性,学生在受教育过程中并不总是能更好地做到这些,相反,由于所受不恰当教育的缘故,往往导致自己受到不利影响。从另一个角度来说,身份认同本身就是复杂多维的,有的是正面的,有的是负面的,从而导致事实上存在着积极的身份认同与消极的身份认同。因此,教育现实有可能帮助学生形成积极的身份认同,也有可能促使学生形成消极的身份认同。

"身份认同是后天塑造的,并非先天获得。"[1]如前所述,在学校课程生活中,"学生—教师互动"是学生与诸多他者进行人际互动中的最基本的、也是最重要的人际互动,学生无疑受教师的影响最大;某种程度上,教师塑造了学生的身份认同。从现实来看,由于种种原因,教师并不总是发挥着应然的长善救失的作用,亦即并不总是在促进学生形成积极的身份认同;在某些情形下,教师沦为伤害学生心灵的刽子手,致使学生形成了消极的身份认同,从而严重影响了学生的人格发展。在此,笔者根据研究需要,择宜摘选出部分学生撰写的存在性自传,经由阐释性研究以期分析教师主导的课程活动与学生身份认同之间的关系。

(一) 消极身份认同的体验阐释

所谓消极身份认同是指对自己当下身份以及"我是谁"的自我体认的负向认可,通常表现为对自我的怀疑、否定、羞愧、厌恶等心态。就学生而言,他们的消极身份认同主要是指对自己作为学习者身份的消极体认,或表现为对自己的排斥,或表现为对学校课程生活的排斥。一名学生在自传中描述了一段难忘的经历:

---

[1] [英]安东尼·吉登斯等.社会学基本概念(第二版)[M].王修晓译,北京:北京大学出版社,2019:195.

第二章 学生自传的课程论意义

有一节体育课,老师提前通知我们要在教学楼后的乒乓球场上集合,但是我和小伙伴A、B、C忘记了。所以,等我们赶到乒乓球场时,已经上课迟到了。之后,老师罚我们迟到的几个人站在乒乓球桌上,班里的其他同学绕着乒乓球场跑,有同学边跑边指着我们说笑。我很羞愧,感觉我们就像要被枪毙的罪犯一样被人观看。①

在此案例中,教师的惩罚超出了应有的界限,命令"迟到的几个人站在乒乓球桌上"有着示众曝光的意味。这种惩罚行为确实也起到了曝光的作用,其他的同学围着被示众的同学边跑边笑,导致被示众的同学成为焦点所在。然而,从当事学生的视角来看,并没有更多地感受到惩罚的教育性意义,反而感受到惩罚的羞辱性意味。当学生并没有明显体会到惩罚带来的积极意义时,那么,这无疑是一次无效的惩罚。教师的失当惩罚行为给学生造成了明显的心理伤害,在与其他同学的指点哄笑的鲜明对比下,学生感到"很羞愧","就像要被枪毙的罪犯",这表露出学生强烈的自我否定之情。事实上,关于教育中的惩罚适用问题,学界存在着一定的争议。反对采用惩罚的人士认为,惩罚是教师借助自身权威或者学校制度权威对学生施加的强制行为,虽有可能致使学生减少乃至避免犯错,但却是以牺牲学生自身的自省能力为代价,是对学生主体性的抑制。英国教育哲学家理查德·斯坦利·彼得斯(Richard Stanley Peters,1919—2011)曾概述了功利主义的惩罚观:"以功利的观点而言,痛苦是最明显的恶,当惩罚实际被施展出来时,通常是不幸的。因此,惩罚是一种必然的伤害。"②即便是支持采用惩罚的人士,他们也强调不适当的惩罚会

---

① 摘自某学生的自传,在此引用时对学生姓名作了匿名处理。
② [英]皮德思.教育的逻辑[M].刘贵杰译,台北:五南图书出版公司,1994:173.

有损学生的身心健康。福柯在其名著《规训与惩罚》中从政治社会学的视角分析了所谓有人性、守人道的惩罚对人产生的隐性规训作用,以及超过合理界限的惩罚对人所产生的消极作用。本案例中,教师对学生的惩罚虽不是直接的肉身伤害,却是通过树立反面形象予以示众,这种惩罚事实上导致了学生的形象感知冲突,从而引发了学生的消极身份认同。

除了教师有意采用的过度惩罚,教师不经意间对学生采取的不当行为,在一定情境的催化下也会导致学生的自我否定。一名学生在自传中描述了一段屈辱的经历:

> 小学二年级时,我的学校是只有四位老师、不足五十名学生的袖珍小学,学校的体育课由每一位老师轮流代课。有个阳光明媚的下午,我经历了孩童时期最"阴云密布"的体育课,以至于体育课成了我以后的人生中最畏惧的课程。当时的我是个七岁的小姑娘,但由于头发的原因,我一直留着光头。那次体育课的前一天,我刚被爷爷抓去剃了个光头。我特别委屈,特别担心同学们嘲笑我的光头形象,所以我在六月的天气里戴着我冬天的"雷锋帽"。体育课上老师组织做"瞎子抓跛子"的游戏,而我被老师点名蒙上眼睛装作"瞎子"。可是装作"跛子"的那名同学,在游戏刚开始就不怀好意,没有按照游戏规则被"瞎子"也就是我抓,反而主动来抓我,并抓掉了我的帽子。我脑袋一轻,大光头就暴露在六月的阳光下,蒙着眼睛的我听到周围的同学都笑了,好多个同学围过来开始摸我的光头,我当时内心天都塌了,被伤害的自尊心、被戳破的脸面使我迟迟不敢揭开蒙着眼睛的布,不敢看给我巨大心理压力的那些笑嘻嘻的脸。我渴望体育老师呵斥他们,我渴望老师发布口令结束这节体育课,但我的老师没有。他不仅没有制止同学们对我的嘲笑,自己还走过来摸

第二章 学生自传的课程论意义

了摸我的光头。那种寄希望于老师又被老师打碎希望的感觉真委屈,我即刻就发出了撕心裂肺的哭吼声。从此之后,我特别畏惧体育课,甚至对所有的体育老师都没有好感,我觉得从自己的光头被摸的那节体育课开始,今后所有的体育老师在我心目中都没有了地位。①

通常,学生都喜欢可以活动身体的体育课。然而,当事学生之所以"特别畏惧体育课,甚至对所有的体育老师都没有好感",根源在于自身在体育课上遭受了极大的心理创伤,自尊心被其他人严重侵害。起初,当事学生不情愿地"被爷爷抓去剃了个光头",这可算是遭受的第一重心理伤害;在体育课上,被同学"不怀好意"地摘掉帽子,导致"大光头就暴露在六月的阳光下",引得其他学生哄笑,这是遭受的第二重心理伤害;被其他同学围着肆意摸光头嘲笑,这是遭受的第三重心理伤害;而教师非但没有及时制止,反而走上前跟着摸光头取乐,这是学生遭受的第四重心理伤害。这四重心理伤害程度不断加深,直至第四重完全恶化。当事学生的心理从"特别委屈,特别担心"到"内心天都塌了"再到"寄希望于老师"及至绝望,伴随于此,她的存在性体验每况愈下,直至心生抗拒——对体育课及体育教师既心有畏惧也心有怨愤。这种抗拒既是一种自我保护,更是一种对伤害自己的事物的抵制。"身体上的痛苦相对容易处理,心理上的痛苦则难以发现。心理伤害的后果是在自己周围建起一道墙,来抵抗进一步的痛苦,并因此变得担惊受怕或与世隔绝。这种伤害是由'自我'的形象以及它有限的能量引起的。因为它是有限的,所以会受伤。"②体育课成了当事学生"以后的人生中最畏惧的课程","所有的体育

---

① 摘自某学生的自传。
② [印]克里希纳穆提.教育就是解放心灵[M].张春城等译,北京:九州出版社,2010:37-38.

老师"在她心目中"都没有好感""都没有了地位",这恰恰就是"变得担惊受怕或与世隔绝"这一结果的具体表征。由于"自我"受到创伤,当事学生难以形成自我认同——"光头"形象本就与女学生的一般形象抵牾,且在教师和其他同学的取笑情形下变成了挥之不去的心结,由此,学生的人格发展和自我实现也受到负面影响。①

须注意的是,若没有立足学生的立场,教师有时本着促进学生发展的目标而采取的教育手段,对学生来说也有可能带来适得其反的效果。一名学生在自传中描述了一段耿耿于怀的经历:

> 读高中的时候,一次期中考试结束后,数学老师说90分以下的全部叫家长。我数学成绩一向很好,每天上课认真听课,有问题及时与老师沟通,每天的作业也认真且按时完成,学习数学的态度端正,最后结果考了89分,和不及格的一起叫了家长。等到我的母亲见了老师之后,老师不但没有肯定我平时的成绩和努力,还把我划定成差生。当时觉得很丢人,但是又觉得明明自己平时很努力,老师却把成绩判定为我是否优秀的唯一标准,

---

① 德国社会学家彼得·瓦格纳(Peter Wagner)曾论述了"自我认同"的内涵:"所谓自我认同,我指的是某人对自己生活的理解,是某人赋予自己生活的取向。绝大多数情况下,自我认同包括不少要素,比如同时做孩子的好母亲、公司的好雇员、国家的好公民。这个例子告诉我们,认同的各个要素可能宽窄不同,指向与己远近不一的他人或他人组成的群体。人们往往认为,在现代境况下,自我认同与自我实现的观念密切相关。同样,对于自我实现,也可以有各式各样的理解方式。从浪漫主义角度来看,它可以意味着发现某种内在自我,并努力满足其紧迫要求。而从凡俗角度来看,则可将其理解为优先考虑某人自己的目标,可能忽略'更高'的价值观。在后一种形式里,自我认同表现出高度的个体主义色彩,摆明有可能选择认同,并只为自己担负这种选择的责任。然而,重要的是认识到,每一次认同形成的过程都是一种社会过程。即便是高度个体主义色彩的自我认同概念,也关系到实现这种认同的个体主义文化,也在一定程度上有赖于这种文化。"参见:[德]彼得·瓦格纳.并非一切坚固的东西都烟消云散了[M].李康译,北京:北京大学出版社,2011:195.

第二章 学生自传的课程论意义

这确实有些不公平。①

若从教师的视角来看,通知期中考试成绩不达标的学生"全部叫家长"是履职尽责的行为,目的在于寻求家校合作、督促学生学业提升。然而,从学生的视角来分析,当教师仅以成绩分数来评价学生的学业表现时,这种行为看似客观——有统一确定的评价依据,却没有获得当事学生的认同,学生反而觉得"不公平";并且,教师还要求考试成绩不达标的学生叫家长来校沟通,这种行为看似正常——争取家校合作、促进学生发展,却也没有获得当事学生的认同,学生反而觉得"很丢人"。师生之间隐性冲突的原因在于评价标准的体认差别。无论如何,在日常的非选拔性评价中,只将考试成绩判定为唯一评价标准,确实难以反映学生的真实学习情况;更难以接受的是,教师在与家长的沟通中,并没有肯定学生的日常努力,反而直接以成绩为依据将学生归为"差生"。显然,当事教师持有"分数决定论"的思维。在此情形下,学校教育发生了异化,应试教育的程度难免加剧,重结果不重过程的学习评价使得学生的认知发展难免偏狭。"分分分,学生的命根。"当学生被迫片面追求分数,其个性品格也将难免异化。同时,还需注意的是,教师武断地将学生划定为"差生",尤其是以考试成绩为依据武断地将学生划定为"差生",这是违背现代教育理念的反教育行为,会对学生的身份认同产生极其严重的不良影响。因为,"差生"对学生来说是一种"污名"。"被冠上各类'污名'的学生会逐渐丧失自信,也会因背负的'污名'而受到其他群体的排斥。久而久之,遭遇'污名'的学生会逐渐接受和认同所背负的'污名',并在行为上向着'污名'的特质'看齐',成为真正的'问题学生'。"②

---

① 摘自某学生的自传。
② 高男.德育工作需要对学生去"污名化"[J].中国教育学刊,2015(5):103.

简言之,不恰当地对学生进行"污名化"评价会导致学生形成消极的身份认同。

(二) 积极身份认同的体验阐释

所谓积极身份认同是指对自己当下身份以及"我是谁"的自我体认的正向认可,通常表现为对自我的欣赏、悦纳、满意等心态。同时,须注意的是,积极身份认同并非轻浮的洋洋得意或沾沾自喜,而是符合社会规范的一般认识。就学生而言,其积极身份认同主要是指对自己作为学习者身份的正向体认,或明或暗地感受到学校课程生活对于个人的积极意义。一名学生在自传中描述了一段有意思的经历:

> 二年级体育课上,我们因为犯错被罚跑二十圈。当时,一个同学还尿裤子了。我一下课就跑回教室,也没有排队。那会儿其他人累得躺在操场上、草坪上,但我出奇地还站着。我也不知道为什么,突然就十分高兴,很有成就感。在这堂累死人的体育课上,我不仅不累,还有种突如其来的高兴,可能是因为坚持下来的成就感吧。①

学生"因为犯错被罚跑二十圈"显然是件令人沮丧的事情,况且还是对二年级的学生而言,通常会让人感到身心俱疲吃不消,如上文所写,"当时,一个同学还尿裤子了"。然而,当事学生"也不知道为什么,突然就十分高兴,很有成就感",这无疑是学生形成积极身份认同的表现。结合上文所述,学生之所以"很有成就感",有两个方面的原因:其一,跟其他同学相比较而言,"其他人累得躺在操场上、草坪

---

① 摘自某学生的自传。

上",自己却"出奇地还站着";其二,就自己而言,是自己能够"坚持下来",完成了富有挑战性的任务。正是由于这种成就感,学生精神层面的愉悦胜过了身体层面的疲惫,甚至使得学生感受不到后者。值得注意的是,学生精神层面的愉悦亦即"有种突如其来的高兴"正是一种亚伯拉罕·马斯洛(Abraham H. Maslow,1908—1970)所形容的"高峰体验"。马斯洛曾明确指出高峰体验的经历有助于人形成积极的身份认同,他说:"任何人在任何高峰体验时,都暂时具有了我在自我实现个体中发现的许多特征。也就是说,这时他们变成了自我实现的人。如果我们愿意的话,我们可以认为这是一时的性格上的变化,而不仅仅是情绪与认知的表现状态。在这时候,不仅是他最快乐和最激动的时刻,而且也是他最成熟、最个体化、最完美的时刻——一句话,是他最健康的时刻。……在这些插曲中,他更真正地成了他自己,更完善地实现了他的潜能,更接近他的存在核心,成了更完善的人。"①自我实现、自我完善对主体而言无疑是一种积极的自我体认。通过此案例可以看出,学生在课程生活中经历着高峰体验的重要意义。当学生明显享受高峰体验时,在今后的课程生活中必然会有所期待并朝着再次经历高峰体验而行动,"坚持"的做事态度随之会得以延续,这必定能够促进学生的成长与发展。

除了高峰体验,还有其他因素也能促使学生形成积极的身份认同。众所周知,身份认同除了有个人的自我认识,还源于社会的互动影响,因为个人对自我的认识、理解与确认会受他人的影响。美国社会心理学家查尔斯·霍顿·库利(Charles Horton Cooley,1864—1929)曾提出"镜中我"理论,主张个人的自我认识主要来自他人的印象,亦即他人是反映自己的一面镜子。换言之,他人的评价能够影响个人的自我体认。显而易见,当他人的评价是负面时,个人很难持

---

① [美]马斯洛.存在心理学探索[M].李文湉译.昆明:云南人民出版社,1987:88.

有自信,如经常受到教师批评或者同伴嘲笑的学生容易自我怀疑乃至自我否定;相反,当他人的评价是正面时,个人通常倍感自豪,如经常受到教师表扬或者同伴称赞的学生多是自信满满乃至意气风发的。一名学生在自传中描述了因受到教师的表扬而努力上进的故事:

> 我上小学时属于踏实但比较闷的,上课属于不爱发言的,在刚上初中的时候也是这样子。直到一节语文课,语文老师想请一位同学起来朗读课文;我心理斗争了很久,最后还是忐忑地举了手,并在紧张的状态下很快读完了。没想到读完之后,语文老师当着全班同学的面大肆表扬了我,说我对文章的情感节奏把握得很好,该快的地方快,该慢的地方慢,情感表达得也很充分,课下一定是下过功夫的。虽然我自己也没有意识到我是怎么读的,但听语文老师说了,自己却感到由衷的高兴。从此以后,我成了语文课上最常发言的人之一,和语文老师也成了好朋友,什么事都愿意和她分享,之后的语文成绩也一路上涨,直到最后一直保持在班上的前几名。[1]

从"上课属于不爱发言的"到"课上最常发言的人之一",学生的课程学习角色发生了嬗变。究其原因,在于语文老师的"大肆表扬"。"大肆表扬"即是一种积极评价,来自权威他者——语文教师有凭有据的积极评价必定影响其他同学的观感,使得他们也对当事学生产生了类似的积极印象。在此情形下,当事人因受到了权威他者的肯定而对自我也产生了肯定,因此会"感到由衷的高兴"。正如库利所指出的,当人们对自己的认识发生改变,相关行为也会发生改变。当

---

[1] 摘自某学生的自传。

第二章 学生自传的课程论意义

事学生因受到语文教师的积极评价而一改之前的课堂表现和同教师的相处方式,"语文成绩也一路上涨",正是自我认识的改变、积极身份认同的形成对个人课程学习产生正向影响的直接反映。更进一步说,学生的性格也会随着积极身份认同的形成而发生积极的改变,如从之前"比较闷的""不爱发言的"到如今开朗大方、常常发言。事实上,因受到教师表扬而产生自我肯定形成积极身份认同的事例屡见不鲜,一名学生在自传中描述了受到英语教师表扬的故事:

> 因为小升初的考试没有考好,导致去了一个很一般的初中,而且是在平行班,小考成绩在平行班中都属于中等偏下的那种,所以最开始的时候我在班上并不受老师的重视。班主任老师是英语老师(H老师),刚开学时班上还有一个实习的英语老师。记得是第一次听写英语单词,H老师在上面念,实习老师在下面转着看同学们的听写情况。快要听写完时,实习老师刚好转到我旁边看我的听写情况。听写完之后,H老师先叫了一个小考成绩比较好的同学拿上去给他看,结果是只错了两三个,H老师表扬了他。然后,实习老师去给H老师说了句什么,H老师就让我把听写的本子拿上去,然后当着全班同学的面表扬我,说我写得全对,还让我分享一下我的学习经验。那是我第一次被老师要求分享学习经验,又开心,又激动,还有点紧张,语无伦次地说完了。从此,我的英语学习就像开挂了一样,我开始喜欢上英语老师,喜欢上英语,对英语学习也越来越有兴趣,越来越有自信。①

当事学生由于小升初考试失利,没有考上如意的初中,在班上众

---

① 摘自某学生的自传。

多学生中也没有脱颖而出,也不受教师的重视,可以说这种情形对学生而言无疑是备受压抑的负面境遇。然而,由于偶然经由实习教师的推荐而被英语教师"当着全班同学的面表扬"并被"要求分享学习经验",当事学生受到了莫大的鼓励,感到"又开心,又激动",显然获得了巨大的荣誉感和成就感。"小考成绩比较好的同学"都错了两三个,考试成绩"中等偏下"的当事学生却全对,这对后者而言无疑是找回信心、肯定自我的契机。受此影响,学生激发了英语学习的热情,走出了过往失利的挫折,在英语学习的道路上"像开挂了一样"奋勇直追,并借此"越来越有自信",亦即获得越来越高的自我效能感。由此可见,教师对学生的表扬之于学生的学业进步和形成积极身份认同有着巨大的意义,在一定程度上能够改变学生的教育生涯轨迹。综合以上两个案例来看,两名学生的学业都能取得明显进步并不是巧合,而是源于他们的学习潜能都得到了开发,而学习潜能的开发则是得益于在教师鼓励下所形成的自我认同;反过来,学习潜能的开发又能进一步提升学业表现和自我认同,就如美国著名教育哲学家伊斯雷尔·谢弗勒(Israel Scheffler,1923—2014)通过项目研究业已证实:提高人的潜能就是提高人的学习有效性和自我决定能力。因此,对教师而言,必须意识到学生的学业表现、潜能开发与身份认同是三位一体的,从帮助学生形成积极身份认同入手来提升学生的学业表现是更为根本、更有意义的教育策略,不仅回应了学生的当下现实发展需要,也能满足学生的未来终身发展需要。

综上所述,通过对学生自传的阐释与分析,教师必须明确,在教学过程中,除了适时变革知识教学方式——从知识授受教学转向知识建构教学,引领学生体验到知识学习的意义;还要适时变革师生交往观念——从"事本主义"的公正法则转向"人本主义"的情感法则,引领学生体验到社会交往的意义;更要注重学生的身份认同——避免消极身份认同,促进积极身份认同,引领学生体验到自我存在的意义。

第三章 教师自传的课程论意义
——基于自传方法的视角

"教师即研究者"是新时期教师角色的拓展,业已成为教育界的基本共识。就当代课程研究领域而言,教师除了作为研究对象配合参与学院派主导的课程研究,也是自主开展课程研究的主体。对作为课程研究者的教师而言,除了研究学生、研究学科,更要研究自我。正如美国教育研究者帕克·帕尔默(Parker J. Palmer, 1939—)所指出的:对优秀教师来说,"认识自我与认识其学生和学科是同等重要的。事实上,认识学生和学科主要依赖于关于自我的知识。当我不了解自我时,我就不了解我的学生们是谁……我也不能够懂得我教的学科——不能够出神入化地在深层的、个人的意义上吃透学科"[1]。教师的自我研究有多种途径,如现象直观、视频分析、自传叙事、互动访谈等,其中,自传叙事是最能直指教师内在自我、呈现教师心灵世界的有效途径之一。在此,笔者采用自传方法来开展自我研究,经由自传叙事来揭示教师的课程生活体验的原貌,并阐释教师在课程生活世界安身立命之真义。

---

[1] [美]帕克·帕尔默.教学勇气[M].吴国珍等译,上海:华东师范大学出版社,2005:3.

一、教师课程生活体验的自传研究

自我研究直接来源自教师课程生活的个人体验。[①]教师课程生活体验有多种呈现形式,如口述、绘画、表演、影像、写作等,其中,用自传写作的方式来呈现最为直观。"自传就是追寻个人内在经验的方法,反对概念—经验的和量化的社会科学方法,将课程研究从技术理性回归到实践世界,呈现更细节的、更多的例子和个案,以突显教师和儿童的主体性。"[②]进而言之,教师自传是教师课程生活体验的直观呈现。值得注意的是,教师自传并非教师信马由缰地随意叙述,教师自传研究也并非单纯解读教师自传文本。"自传的撰写与研究指的是由教师自己讲述作为一个'受教育者'的成长经历以及作为'教育者'的生活经历,并对自己的成长经历中所发生的教育事件进行必要的分析和反思,以使自己对过去获得一种更为清晰的认识和理解,形成新的'自我意识'并重新审视和塑造自己的教育信念和教育行为。"[③]目前,国内外有不少学者倡导通过自传来研究教师的教育生活体验。例如,英国课程学家艾沃·古德森将教师自传视为研究教师个人生活史的重要媒介,认为教师在撰写自传时下意识地反映了个人的生活史并表明了个人的生活态度。美国教育研究者朱利安·基钦(Julian Kitchen)同样认为教师自传是探查教师个人生活史的上佳方法,自传包含了教师对课程实践的考虑,揭示了个人的课程经验。[④]以色列教育研究者汉娜·伊泽(Hanna Ezer)则从批判教育

[①] Anastasia P. Samaras. Self-Study Teacher Research[M]. London: SAGE Publications, 2010: 10.
[②] 欧用生. 课程理论与实践[M]. 台北: 学富文化事业有限公司, 2006: 36.
[③] 岳龙,夏惠贤. 反思教育信念和行为的意义[J]. 现代教学, 2005(Z1): 12.
[④] Deborah L. Tidwell, Melissa L. Heston, Linda M. Fitzgerald (eds.). Research Methods for the Self-Study of Practice[M]. New York: Springer Company, 2009: 42.

第三章 教师自传的课程论意义

学的视角指出批判自传是教师可以用来检查自己的实践和专业发展的有力工具。①此外,国内教育研究者刘良华教授也推崇自传对教师专业发展的意义:"对教师本人而言,教育自传的写作过程往往让写作者有一种被唤醒的感觉。"②陈雨亭研究员主张在教师研究中采用自传研究方法,借此促使教师重视自己的生活体验,解决教师研究中研究与自我分离的难题,帮助教师获得精神突围。③

正如学生课程生活体验之于学生的意义,教师课程生活体验也蕴含着丰富的内容,教师的课程理解、职业境遇、身份认同等融汇其中,除了成为他者从事教育生活体验研究的绝佳素材,更需成为教师反观自身、明辨自我的通道。熊和平教授曾以自己为例,分享了个人的教育生涯经历:"用自传的方法探讨知识、身体与学校教育的关系,意味着通过笔者三十多年学校教育中的身体叙事,揭示身体是如何被规训为知识的奴仆,以及由此产生的'我'与学校的冲突与妥协。"④对笔者而言,笔者起初收集了部分在职一线教师的自传,希冀通过对自传文本的分析与解读来明晰教师的日常生活境遇与专业发展过程。然而,随着阅读越来越多的其他教师同行的自传,笔者一次次被教师同行激起情感共鸣,被他们的课程生活体验所触动,在此过程中,也不自觉地联想起自己作为课程与教学论专业教师的成长经历。于是乎,笔者决定以自己为对象,进行着自己作为教师的自传研究。

康纳利和瑾·克兰迪宁(D. Jean Clandinin)曾指出:"研究课程的最好方式莫过于研究我们自己。"⑤对教师而言,开展课程研究应

---

① Hanna Ezer. Self-Study Approaches and the Teacher-Inquirer[M]. Leiden:Brill|Sense,2009:10.
② 刘良华.教师自传中的个人知识[J].北京大学教育评论,2008(1):127.
③ 陈雨亭.教师研究中的自传研究方法[M].北京:首都师范大学出版社,2012:257.
④ 熊和平.知识、身体与学校教育:自传视角[J].教育学报,2014(6):22.
⑤ F. Michael Connelly, D. Jean Clandinin. Teachers as Curriculum Planners:Narratives of Experience[M]. New York:Teachers College Press, 1988:31.

自传课程研究：理论与实践

从研究自我开始,这是后续研究的基础;对学院派课程研究者而言,除了研究一线教师的课程生活与行为,也需要研究自我的课程生活与行为——通过自我研究,个体对课程有了更深刻的理解,对自我也有了全新的体认。"自传允许我们接近有效的信息来源,这些信息来源有助于恢复及检查与教育、尤其是与课程领域密切相关的观点。"[1]在自传课程理论视域下,"自传的过程即是在课程中发现自我的过程"[2]。就实践层面而言,作为自我研究的方法,自传的过程并非只是撰写自传文本,还需要开展自我反思,是写作与反思合二为一的过程。对此,笔者综合了教师与学院派课程研究者的角色,围绕"课程"来撰写自传,一方面回顾自己从作为学生到成为教师的课程生涯,特别是立足当下作为课程与教学论专业教师的角色来复现自己走上课程之路的历史,另一方面检视自己作为课程研究者的课程理解,尝试分析"课程"是如何塑造"我"的,并尝试发现个体与课程的复杂关系。为了有效推进对自我的自传研究,笔者采用了自传课程理论家派纳构建的自传方法。

如前所述,派纳构建了涵盖"回溯—前瞻—分析—综合"四个阶段步骤的自传方法,借此个体可以理解自己的学校课程生活的本质及学校课程对个人生活的作用,其最终目的是个体通过对生命体验的反思内省来探寻自我的重建和解放之路。其中,"回溯"是指个体重溯追忆过往的课程生活经历,"前瞻"是指个体展望想象未来的课程生活可能,"分析"是指个体分析解释过去、未来以及现在的课程生活图景,"综合"是指个体整合全部的教育经验以形成统一的自我。"回溯—前瞻—分析—综合"式自传方法尽管采用了过去、未来、现在

---

[1] Robert J. Graham. Reading and Writing the Self: Autobiography in Education and the Curriculum[M]. New York: Teachers College Press, 1991: 16.

[2] [美]威廉·派纳等.理解课程(下)[M].张华等译,北京:教育科学出版社,2003: 575.

的时间性分析维度,但它并不是一个线性的流程,而是具有循环递进性。在此,笔者将以派纳构建的自传方法为工具,对自我的课程生活世界展开研究。

自传方法的循环图示

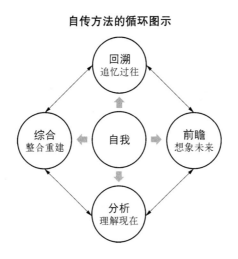

二、回溯:对过往课程生活的追忆

(一)派纳关于"回溯"的方法论述

课程研究自传方法的第一步是"回溯"。顾名思义,回溯即是指回忆过去、重返往昔。作为方法的"回溯"与日常的"回忆",虽然二者语词涵义相近,但付诸实施却大有不同。在日常生活中,"回忆"时时发生,或是无意间浮现脑海的一闪念,或是对过往细节费神的苦思冥想;或是支离破碎的若隐若现,或是记忆犹新的历历在目;或是个人触景生情的悠然回味,或是三五同伴久别重逢的欢畅缅怀……概而言之,日常的"回忆"是随意性的、发散性的和或然性的。与之不同,作为方法的"回溯",具有人文社科研究的科学性,是为了特定的研究需要而进行有意识的回忆。派纳在著作中阐述了作为课程研究自传方法构成的"回溯"的具体应用策略：

由于自传方法聚焦于教育经验，须特别注意自己过去的学校生活，即与过去的老师、书本和其他相关事物一起共处的生活。观察并记录过往的生活回忆，也同时记录对所观察事物的当前回应。

建议返回到最初受教育的时候，回到小学阶段，回到任何所能达到的地方。再次进入课堂，观察老师、自己和自己的同学，观察自己的行为表现。更重要的是观察你是怎样做那些事情的。你的注意力是否从一开始就被学习科目所吸引？某种程度上，你是否在课堂上心不在焉地做白日梦？这种心不在焉是否与特定的科目（如生物）和特定的老师有关？

不要试图去解释你所观察的事物。解释会中断过往的显现。

在回忆从小学到初中再到高中的生涯时，始终将关注点聚焦于自我。在这个教室中的自我，与那位老师在一起的自我，学习这些科目的自我，对那位老师做出这种回应的自我，在那种情形下受到家长干预并对此做出回应的自我。观察为何个人喜欢这些科目，喜欢那些老师；为何个人对那个领域不感兴趣，不喜欢这位老师。

观察体育活动以及其他课外兴趣以及它们对个人学习的影响。观察情感欲望，如果它们对个人的学习有明显的影响。观察公众的地位观念的重要性。选择这所大学还是那所大学？观察自我在这所有的一切当中，为何以这种方式卷入，离开那些朋友，结识了新朋友，对这些学术问题感兴趣，然后又对那些问题感兴趣。

……

第三章 教师自传的课程论意义

观察主体的生活,他或她的教育生活,以及他或她在学校中的生活。它静静地存在着;个体重新进入其中,返回过去,进行回溯;它是彼处,是此在,也是当下。用文字记录它,将其概念化。

通过打印回溯文稿而将过去带到现在。文字连接在一起,形成了一幅照片。将照片放置身前,研究它的细节,研究它的字面意思以及对它的反应,这提示了过去与现在的联系。①

概而言之,为了研究的需要,研究者须悬置当前的身份角色,"回溯"自身作为受教育者从入学之初到学业生涯结束这一段时间内的课程生活见闻经历与所思所想,边在脑海中追忆,边用文字记录下来,以形成对过往课程生活体验的自传性记述文本。"回溯"是昨日重现的过程,借着描摹记忆中的图景,被忽视、被遗忘、被压抑和被拒斥的记忆得以澄明,"自我"的真实模样及成长历程随之呈现,现在对过去的遮蔽也烟消云散,迷失在现在"自我"中的过往"自我"重新焕发生机。如同马塞尔·普鲁斯特(Marcel Proust,1871—1922)在其传世名著《追忆逝水年华》中所写的:"生活用'神秘的导线'不断地把人物、事件连接在一起,结成纵横交错的网络,以致我们的过去任何一个景点和其他所有的景点之间有着四通八达的联络,绵绵线索构成丰富的回忆。"②然而,倘若缺乏回溯,过往的"自我"自然就隐晦不见,现在的"自我"也将变得不真实,因此,回溯是发现自我、确证自我的必由之路,如同普鲁斯特所言:"回忆如同上天派来的救星,把我从虚无中解脱出来,否则,我永远不可能自我解救的。"③综上所述,

---

① William F. Pinar. Autobiography, Politics and Sexuality[M]. New York: Peter Lang Publishing, 1994: 23-24.
② 豆瓣阅读.追忆逝水年华[EB/OL]. https://read.douban.com/reader/ebook/13368744/.
③ 豆瓣阅读.追忆逝水年华[EB/OL]. https://read.douban.com/reader/ebook/13368744/.

"回溯"尽管聚焦于过往,但着眼于现在,为的是从丰富的回忆中爬梳出现在的"自我"的形成原因和历史背景。通过对过往的追忆,"人们回转到过去,对这种过去关切,把它作为一种鉴赏现在的状况的方式。……不仅认识到过去,而且也在这个过程中认识到现在自身"[1]。

(二) 追忆过往的课程生活体验

我是四岁开始入学的,就读于父亲任教的一所乡村小学。在20世纪90年代初,当时的乡村小学非常落后,没有附属幼儿园或学前班,所以,我直接进入一年级就读,随即开始了学生时代的生涯。由于年龄较小的缘故,我对一年级的学习经历没有任何印象。或许,更重要的原因是年方四岁的我对何为学习本身就懵懂无知,所以对学了什么以及如何学的也就缺乏深刻感触。父母后来在闲聊时多次笑谈:我当时上课基本是在睡觉,睡醒之后则时不时地在课上哭闹,让老师很是头疼。想想也是,跟一群六岁的陌生哥哥姐姐一动不动地坐在一起上课,并不早慧的我估计是不会拼音的,课本对我而言估计是"天书",老师又不会单独对我进行个别化教学,除了用睡觉打发老师叽里呱啦、无聊枯燥的讲课,我不知道还能够做些什么。父母告诉我,我在乡村小学读了两个一年级——也就是五岁时继续留在一年级而没有升班。原因很明显,我的学业成绩并没有达到升入二年级的水准。窃以为,要么睡觉,要么哭闹,我第一学年的学业表现必然非常糟糕。

在第二个一年级的学习生涯中,迄今记忆犹新的是关于两次考试的片段。其一是在某次语文考试中,有一道看图写话的题目。题

---

[1] [美]乔治·米德.十九世纪的思想运动[M].陈虎平等译,北京:中国城市出版社,2003:84-85.

图画的是两只大白鹅相向而行的简笔画,我写的是:"一只鹅走过来,一只鹅走过去。"之所以记忆如此清晰,是因为老师当时当众表扬我写得很好,让我非常开心以致久久难忘!现在想想,这句话写得着实简单,既无对图画的想象性描述,也没有使用精妙词语和修辞手法。如此单调朴实的语言表达能够获得老师的表扬,想来是老师觉得我终于开窍了,再者大概是与当年入学的一年级学生相比,我的写话算得是"言之有物"。其二是下学期的期末考试公布成绩时,班主任告诉我:因为我的语文和数学总分名列全班第一,在整个学区也是第一,学区将会给我发奖状及一支钢笔以作鼓励;但由于学期结束,学区忙于工作总结,奖状及奖品将在9月份二年级开学之初的新学期开学典礼上发给我。这着实让我欣喜不已,同时也充满期待。然而,遗憾的是,我最终也没有收到奖状及奖品。倒不是学区食言,而是因为当年暑假期间,已调入县城中学任教的父亲回乡时认为乡村小学教育质量堪忧,于是决定让我在新学期转学到教育条件和质量更好的县城小学就读。8月末,父亲带着我离开了家乡,提前来到县城准备转学及开学事宜。因此,奖状及奖品随之与我无缘,后来据说递补发给了名列第二的同学,这让我耿耿于怀了好长一段时间!

在父亲的努力下,我顺利转入县城里一所重点小学就读。由于时年六岁,按照管理规定,我只能在一年级就读,于是便开始了第三个一年级的学习生涯。总体而言,记忆中的城关小学学习生涯充满了多姿多彩的乐趣。然而,在从乡村小学到城关小学的第一年过渡中,我着实遭遇了一些不愉快的课程学习经历。比如,由于说话带有浓重的地方乡镇口音,我的普通话并不标准,因此,我在语文课上朗读课文或回答问题时总能引起不少同学的发笑及故意模仿,这让我颇感难为情,以至于在语文课上我总是如坐针毡,生怕老师点名让我朗读课文或回答问题。此外,受方言俚语和"地方知识"的影响,我在回答问题时的答案有时也会跟标准答案并不一致,从而难免让我困惑不已。有一次,在数学课上,老师点名让我从1数到100,当我一口气从1数到100后,老师却说我数得不对,指出"11""12""21""22"等数字应读作"十一""十二""二十一""二十二"而非"一一""一二""二一""二二"……这让我很是不解,因为我在此前这样数数时,并没有人指出我数得不对,并且我确实亲身见闻有长辈也是这样数数的。在语文课上,我也经历了类似的困惑。比如,老师让我在黑板上写出一些词的反义词,当我将"有"的反义词写成"没有"时,他在旁边打了个"X"号,并告诉我"有"的反义词是"无"而不是"没有"。我虽记住了老师订正的答案,但始终不明白"有"的反义词为何不是"没有"。下课后,我问了同学,给他们列举了日常生活中"有没有"的常见说法,但他们也只是知道答案却说不出所以然来。还有一次,老师让同学们列举出跟"彩色—色彩"同样结构的词语组合,同学们纷纷举手抢答,在先后列举了"蜜蜂—蜂蜜""白雪—雪白""刷牙—牙刷""儿女—女儿"等词语组合后,我给出了"公鸡—鸡公"的词语组合,顿时引起了同学们的哄笑。老师认为我说得不对,然而实情是我们乡镇确实有"鸡公"的说法,且跟"公鸡"同义。可以说,这些困惑成了我小学阶段课程学习方面遭遇的主要不解之谜。

于我而言,中学阶段的课程生活显然要比小学阶段的课程生活枯燥乏味。总的说来,我的课程学习成绩在班上乃至全校虽名列前茅,但我的课程学习体验却每况愈下。越来越难的教材内容,越来越多的习题作业,越来越早的到校时间,越来越晚的放学时间,越来越长的上课时间……这些不禁让我感受到了越来越大的学习压力,而我的学习热情却随之越来越低,学习成长的步伐也越来越慢,我对自己的角色定位则越来越小。比如,在英语课上,无论是在初中阶段还是在高中阶段,我总是表现得很自然,尽可能地不引起老师的注意,从而避免老师点名让我朗读课文或是回答问题,因为每每这些时刻都是我最紧张、最害怕的时刻。客观来说,我的英语考试成绩虽不佳

第三章　教师自传的课程论意义

但也不差,可自己总在英语课程上缺乏自信。似乎从读初一时上第一次英语课起,我就莫名地对英语丧失了学习信心,然后持续到高三。之所以如此,并非英语老师的缘故;事实上,我所遇到的中学英语老师都是教学名师,然而我却莫名地对英语学习无感。从初一到高三,随着学段的上升,我越来越希望自己在英语课上能成为隐身人,不被老师发觉,也不被同学发觉。当然,在中学阶段,我也有课程学习表现引人注目的高光时刻。语文和历史是我一直以来喜欢的科目,每当上这两门课时,我总是兴致盎然地积极参与。由于对文史知识烂熟于心,我总能在课上回应老师的各种提问,于是我就被好友戏称为"商周青铜器"——仿佛是历史变迁的见证者,因而对历史文化如数家珍。我之所以喜欢语文和历史科目,除了是个人兴趣所在,还得益于任课老师的教学有方。语文课上的戏剧表演、小组辩论,历史课上的故事分享、观点交锋,通过老师组织的诸如此类的教学活动,我灵动自如地游弋于课程知识的海洋之中。

高考结束后,经过焦急的等待,我怀着激动又忐忑的心情开始了大学学习生活。激动是因为奔赴他乡开始了自主的新生活,忐忑则是因为所学专业是英语语言文学。如前所述,英语非我所爱,也非我所长。至于选择英语专业,纯粹是受家人强迫所致,非我所愿。其实,我很喜欢语文,原计划是选择汉语言文学亦即中文专业,但结果却是我在被人强迫、没有选择的情况下作别了文学院而走进了外国语学院。尽管我不喜欢英语专业,对英语学习也缺乏足够的自信,但我始终没有自暴自弃,大学四年来一直在排斥和适应中苦苦挣扎。或许是出于潜意识中的不甘心,当时的我总在寝室熄灯后就着充电台灯看书学习,往往到凌晨才爬上床铺,待到早上 6 点校园广播一响就又迅速爬起来早读。然而,这些努力似乎收效不佳,我的英语学习大体上进步缓慢,并没有立竿见影的飙升。自然而然地,我也就越发排斥英语了。真正让我在英语学习上感到些许自得的是一次性顺利通过了全国大学英语六级考试。当我在事先没什么准备的情况下走进考场并最终一次性通过时,我真的很兴奋,以至于第一时间跟家人打电话报了喜。平心而论,考过大学英语六级考试本不值一提,但问题是当时的我太需要一次重要的外在激励来鼓舞士气了。大学前三年,我一共考了几次大学英语六级考试,为了检验自己的英语水平,每次都是在没有任何准备的状态下进入考场,而每次又都能顺利通过,随着一次次考试分数的提高,我的自信也一点点提升。

终于熬到了大四紧张的考研备考时刻。我是跨专业考研,要重新自学专业课,而英语则只用参加公共英语全国统考。我依仗着所谓的英语专业优势,并没有在英语备考上花太多功夫。考研成绩公布后,当查到英语分数时,我整个人顿时激动起来,因为比我预想的要好得多,实际分数高出复试线不少!我一直记得父亲在要求我选择英语专业时说的话:"之所以让你选择英语,是避免将来你考研时英语拖后腿。学英语,考研时总不至于吃亏。"没料到一语成真。我忽然觉得这句话根本就是我大学四年英语学习经历的注解。时隔不久,依然沉浸在考研初试成绩良好的喜悦中,我走进了全国高校英语专业八级考试的考场。当时我感觉题目不难,答题还比较顺手。两月后的某天,当同学告诉我通过了英语专业八级考试时,我按捺不住激动直奔学工办查看成绩——哇!真的通过了!我成了十足的唯分数主义者。我控制不住内心的喜悦,赶紧拿起手机向家人报喜……英语专业八级考试过了,结果似乎不错,但我在兴奋之余也知道英语到底并非我真正所爱。确切地说,英语学习绝不是考试成绩过线的过程,它更偏向于语言的实际运用。在过去的四年学习当中,由于心里对英语偏执的排斥以及极度的不自信,我形成了一种畸形的学习模式——仅用应试成绩来衡量或者说是证明自己的能力。在大学毕业前夕,我才忽然明白:我对英语的莫名排斥,与其说是我对基础不好的自知之明抑或是对未了的中文情结的难以释怀,不如说是我对自己学习能力的不够肯定以及对自己能够有所成就的极不自信。找到这个症结后,原本一直纠结不清的英语学习必将不再成为问题。我终究还是找回了自信,也解开了困扰自己十年之久的心结。失之东隅,收之桑榆。在经历了这么多起伏之后,这样的学习结果或许也不算太坏。

三、前瞻:对未来课程生活的想象

(一)派纳关于"前瞻"的方法论述

课程研究自传方法的第二步是"前瞻"。"前瞻"即是指对未来的想象或展望。作为方法的"前瞻"并非信马由缰、不着边际的随性臆想,而是脱胎于"回溯",亦即生发于对过往的追忆之中。众所周知,在对过往的追忆过程中,个体并不是原封不动地复现历史,而更多地是通过反思意识去再体验、再认识乃至再获得,其中融合了诸多想象。于是,追忆与想象密不可分。正因为如此,法国哲学家加斯东·巴什拉(Gaston Bachelard,1884—1962)才说:"消亡的过去在我们心中有一种未来,即生气勃勃的形象的未来,向任何重新找到的形象展开的梦想的未来。"[1]尽管"回溯"与"前瞻"紧密相关,但二者也有着明显的区别:"回溯"是侧重于通过回忆来探寻历史主义的自我——"只是在一个回忆的过程中——你也可以说是人们回忆的过程中——历史才能够被创造出来"[2];"前瞻"则是侧重于通过想象来探寻浪漫主义的自我——"我们不得不去假设的东西,置于一起,并

---

[1] [法]加斯东·巴什拉.梦想的诗学[M].刘自强译,北京:三联书店,1996:141.
[2] [美]乔治·米德.十九世纪的思想运动[M].陈虎平等译,北京:中国城市出版社,2003:85.

将它们组成新的浪漫主义的自我"①。简言之,"前瞻"是个体对未来自我的期待与希望。

派纳在著作中阐述了"前瞻"的具体方法应用思路:

> 在放松之后,思考未来、明天、下周、下几个月、下学年、未来的三年等等。由于我们的兴趣是教育经验,所以让我们轻轻地将注意力带回到与你的智识兴趣相关的事务上,同时允许你的心灵进行自由联想。记录下你的联想。尝试辨明你的智识兴趣的发展方向,辨明发展着的兴趣和你私人生活之间的联系,辨明上述两者与发展着的历史情境之间的关系。或许,你会看到你的兴趣和历史情境之间的相互依赖性。假如你是老师,请关注你的教学、你与学生和同事之间的关系,特别是关注这其中的情感内容和理智内容。辨明这些内容可能的发展方向。你可以想象未来,或想象此后一年,或想象此后数年;描述出你的想象。
>
> 只要感觉舒适,就可以依此而行。当内心的抵制出现时,记录下它的特质和内容。前瞻的过程切忌勉强而为。
>
> 在一段为期几天、几周或几个月的时期内,在不同的时日里,安坐椅上冥想,沉浸于想象的未来当中。这种将前瞻的实验延长的做法可以减少暂时的偏见所导致的歪曲的可能性。想象图景反映更加持久的希望的可能性则大大增加。②

由此可见,在"前瞻"阶段,个体应如同在"回溯"阶段一样,都需采用自由联想的方法,尽可能地畅想对未来的期望,避免用理性的、

---

① [美]乔治·米德.十九世纪的思想运动[M].陈虎平等译,北京:中国城市出版社,2003:81.
② William F. Pinar. Autobiography, Politics and Sexuality[M]. New York: Peter Lang Publishing, 1994:25.

逻辑的和批判的思维来抑制想象,不能认为想象的未来是虚幻、不切实际的而畏首畏尾;反之,在此阶段,个体要抛开现实身份的顾虑,畅想自我,将那些通常被遮蔽的、被压制的、仍未实现的幻想展现出来,让想象自由言说。同时,为了避免因自由联想而带来的自我迷失,个体可以在不同情境、不同时刻反复多次围绕"未来的我可能是什么样子的"展开想象,借此聚焦自我定位,形成较为清晰的未来愿景。简言之,"想象"是"前瞻"阶段的核心要务,它在本质上是自由的,具有创造性和超越性;正是在自由联想式的想象中,个体才有可能摆脱被现实奴役的孤立状态,才能够走向个体自由和解放的道路。①

(二)想象未来的课程生活可能

我亲历了 20 世纪与 21 世纪的世纪变迁,也见识了新旧学校教育的嬗变。在我上小学的时候,我就对"未来"充满了好奇,因为那时候"教育要面向现代化、面向世界、面向未来"的标语很醒目地贴在学校的门墙上,一次次的注目让我很快就烂熟于心。那时候,老师们总会指着教材或教育宣传画上像老式电视机一样的电脑对我们说:未来将由电脑来上课,也不需要纸质教材了,每个学生看电脑就能学习了,因为电脑比人脑更聪明更科学。渐渐地,儿时的我对未来的想象是一个很"科学"的地方,那里有很多像老式电视机一样的电脑。若以此为判定依据,我现在已经实现了自己的"未来"。

但从今时今日来看,下一个"未来"又是什么呢?知识经济时代、信息时代、互联网时代、大数据时代、人工智能时代……21 世纪刚过二十年,就有如此之多的描述称谓。这世界变化如此之快,以至于我来不及去展望。但我相信,随着科技的日新月异,下一个"未来"绝对会大放异彩。

---

① 冯加渔.儿童自传课程论[M].济南:山东教育出版社,2018:155.

料想在未来的二十年,"无边界课堂"将发生在中国的千万所学校——借助信息科技,中国学生可以随时随地很便捷地与外国学生联通组建跨时空课堂,由于更加智能化的同声传译设备的出现,各国学生的跨时空交流互动不存在任何语言障碍;中国教师能够自由地与外国教师联通开展跨时空协同教学,基于不同的文化背景来合作组织各种教学活动,由于更加智能化的教学辅助设备的出现,教师可随时获知世界各国的教学信息,便捷地利用全球范围内的共享教学资源;当教师有需要,人人都可以随时借助人工智能设备直观地呈现构思的教学情境,让学生身临其境;当学生有需要,人人都可以便捷地让人工智能教师来提供个性化的学习引导服务。当然,那时候的课堂不再像现在这样多成为教师主导讲授的"讲堂",而是学生聚集在一起自由分享彼此观点、心得、体验的"会堂",教师更多的是充当组织者的角色。并且,那时候的课堂不再像现在这样多局限于学校的教室之内,线上线下、校内校外,随处都可成为学习的场所,学生根据学习需要可以随时组班、灵活走班。我相信,那时候的课堂已超越时空的局限,真正实现了时时处处皆课堂。

至于课程内容,料想在未来的二十年,已不再是来源于某一本固定版本的预成教材,教师可根据教育需要,随时从海量的优质课程资源中遴选出所需内容并加以个性化组织,从而构成供学生学习参考备用的即时性生成内容。甚至,教师借助人工智能能够便捷地为每一位学生提供适切的个性化内容资源,真正实现因材施教;每一位学生在教师的指导下都可以生成适用于自己的个人课程表,而不必所有学生都遵行同一张课程表。当然,学生也不再是教师预定内容的被动接受者,而是课程内容的自由开发者,能够为共享课程资源库贡献个人的素材。并且,这些课程内容既非像现在这样多聚焦于过往的文化遗产,而更多是串联起"过去—现在—未来"并着重指向未来的,也非像现在这样多是分门别类组织的,而更多是跨越边界交叉整合在一起的。我相信,那时候,课程已突破学科的结构,真正实现了事事物物皆课程,而现在热议倡导的综合素质评价已经完全实现,借助更加智能化的大数据分析,教师对学生、学生对自己的全面发展都有着明确的认识。

回看上述对未来课程的想象,我恍然发现:这些想象并非遥不可及,并非只能等上二十年待到某些更智能化的设备和更成熟的条件出现后才能实现,一些内容似乎完全可以在我后续的课程教学中逐渐得以落实。比如,在课程内容选择方面,我可以为学生同时提供多种优质教材,也可以补充鲜活的教育实践案例,还可以更加充分地尊重学生的主体地位,引领学生参与课程开发;在教学组织方面,我可以更加灵活地择宜"化校园为课堂",也可以将个别教学、小组教学和集体教学相结合,还可以利用信息技术创设线上课堂,从而突破教室的物理空间局限和班级授课制的程序束缚;在课程实施过程中,我可以更有力度地施行探究教学、情境教学、项目教学、问题导向教学等教学方式,也可以根据需要邀请同行共同开展协同教学,还可以适时退居幕后做教学的组织协调者而"将课堂还给学生"……这些措施与教育部门倡导打造"金课"的要求似乎相差不大。这意味着我不能成为对未来的空想者、旁观者,而要成为一名切实的探索者、参与者。

新冠疫情防疫期间"停课不停教、停课不停学"的经历,促使我对线上课程有了更深刻的理解,也激起了我对未来课程的思考。在今后的常态课中,我将更充分地利用信息技术来促进线下课程的迭代。此前,我多是单方面利用多媒体教学设备在课上呈现素材,未能利用它来同学生进行深度的互动,也未能很好地做到线上课程与线下课程的联通。或许,在未来,我可以尝试多方利用信息技术来服务课程教学,朝着信息时代的"课堂革命"大步迈进;同时,我也要适时革新课程内容,整理新近涌现出的中小学直播课精彩案例,引领学生共同探知信息时代学校课程的发展图景。我想起美国教育研究者阿兰·柯林斯(Allan Collins)在其著作《什么值得教？——技术时代重新思考课程》的开篇前言中写的两句话："数字技术在改变着生活的每一个方面。随着发明和变革速度的加快，我们需要学会应对渗入我们新颖、不可预测和充满变化的经历的那种不确定性。"[①]在后续的课程教学中，我除了要引领学生重新思考课程并学会应对不确定性，自己也要与时俱进做到这一点。在未来的某一天，当学生在与我交流课程学习时，不再称赞我的知识渊博，也不再称赞我教给他们许多的知识，而是反馈说我给他们呈现了许多关于教育发展的悬而未决的疑问，令他们脑洞大开，启发他们自主思考、拥抱未来，那即意味着我执教的课程发生了质的革新。

我忽然意识到："未来"或许并非将来时，而是现在时。"未来的经验和行为产生于现在的经验和行为，正如现在的经验和行为来自过去一样。生活，实际上即我们正在体验的现实，是由相互联系的经验组成的。"[②]倘若我现在不做改变，只是等着构想在将来的某一天实现，那么，"未来"势必依然只是构想。所以，与其将未来的课程构思为一种可能的课程愿景，毋宁将其视为现实课程的迭代，而我自己恰是联通现在与未来并促使课程迭代发生的那个人。或许，这也正是有学者为何会说："当我们在谈论未来的时候，未来已来，当我们讨论将至的可能性时，将至已至。面对席卷而来的未来浪潮，我们只有以变革的姿态迎接未来，决胜未来。"[③]

---

① [美]阿兰·柯林斯.什么值得教？——技术时代重新思考课程[M].陈家刚译,上海：华东师范大学出版社,2020：3.
② [美]小威廉姆·E.多尔.后现代课程观[M].王红宇译,北京：教育科学出版社,2000：95.
③ 袁振国.未来已来,将至已至——走向2030年的教育[N].中国教育报,2017-10-18(5).

第三章 教师自传的课程论意义

四、分析：对现在课程生活的理解

（一）派纳关于"分析"的方法论述

课程研究自传方法的第三步是"分析"。"分析"即是指对当下现状的描绘及对过往、未来及现在的阐释。事实上，无论是通过"回溯"对过往的追忆，还是通过"前瞻"对未来的想象，其直接目的都在于更好地理解现在。就"回溯"而言，通过对过往的追忆，"人们回转到过去，对这种过去关切，把它作为一种鉴赏现在的状况的方式。……不仅认识到过去，而且也在这个过程中认识到现在自身。"①就"前瞻"而言，通过对未来的想象，"它总是在朝着一个正在产生的将来运动着。……这就是一种在发生的演化，这一过程不断进行，伴有持续不断的调适，将来实际影响了正在发生的"②。理解现在不仅仅是指在追忆过往与想象未来的意识流中理解当下的生命体验，更是指经由生命体验流来理解个体深层次的自我成长。

美国心理学家卡伦·丹尼尔森·霍妮（Karen Danielsen Horney，1885—1952）对人的自我进行了深度剖析，指出："人的自我可以有三种基本的存在形态：一是潜在的，一是理想的，一是实在的。"她就此把自我分成了三类：一是真实自我，二是理想自我，三是现实自我。③如果说"回溯"阶段的任务是探寻"历史主义的自我"亦即霍妮所说的"现实自我"（actual self）——个体在某一时间的"实存我"，那么，"前瞻"阶段的任务是探寻"浪漫主义的自我"亦即霍妮所说的"理想

---

① ［美］乔治·米德.十九世纪的思想运动［M］.陈虎平等译，北京：中国城市出版社，2003：84-85.
② ［美］乔治·米德.十九世纪的思想运动［M］.陈虎平等译，北京：中国城市出版社，2003：360.
③ 葛鲁嘉，陈若莉.神经症与人性的成长［M］.武汉：湖北教育出版社，1999：135.

自我"(idealized self)——个体所希望成为的"未来我";由此,霍妮所说的个体的"真实自我"(real self)——作为个体生长和发展的根源和原始力量的"潜能我"——得以彰显。总的来说,"我们的生命所具有的特征,就是存在于现在、过去和未来之间的关系"①。自传方法中的"分析"就是揭示这种关系,并借此阐释自我何以是自我。

派纳在著作中阐述了"分析"的具体方法应用思路:

> 描述传记的现在,将过去和未来排除在外,但涵括对它们的反应。
>
> 对许多人而言,现在被编织进制度生活的结构中。在此形式中,当你身处办公大楼里与你的同事和学生共处时,你的传记现在是什么? 你的智识兴趣是什么? 你的情感状况是什么?
>
> 你被何种观念、何种学习领域、何种学科所吸引? 你排斥什么? 将这些都列举出来。描述而非解释这些引人注意的事物。给现在拍照,就像你是一部照相机,包括自己在现在之中拍照时的情景,以及你对这个过程的反应。……
>
> 悬置现在的所是,过去的所是和未来的所是,从所是之中解放出来,才有可能获得更多的自由,从而更加自由地选择过去和未来。
>
> 研究过去、未来和现在三幅图画。它们是什么样子? 它们各自的特性是什么? 它们表达的基本传记主题是什么? 它们为什么是那个样子?
>
> 解释必须使体验更加明显。解释绝不能让体验的现在从属

---

① [德] 威廉·狄尔泰. 历史中的意义[M]. 艾彦译, 南京: 译林出版社, 2011: 41.

第三章 教师自传的课程论意义

于一个抽象的分析系统。分析是现在的构成,就像大脑是身体的部分,而非身体是大脑的观念。传记现在不是概念体系的一部分,概念体系是传记现在的一部分。

并列放置过去、现在和未来三幅图画。它们之间复杂的、多维度的交互关系是什么?未来如何存在于过去之中,过去如何存在于未来之中,现在如何存在于过去和未来之中?[①]

值得注意的是,"分析"致力于的理解现在并非基于事实、基于逻辑的对现在的客观性理解,而是基于体验、基于意义的对现在的解释性理解。[②]客观性理解是实证研究取向的,而解释性理解是解释学取向的。"解释学作为研究人与人、人与社会、人与历史、人与文化之间的沟通,人自身的经验如何通过理解过程得到拓展,以及文化怎样在理解过程中得到创造、更新的理论,其研究范式可以概括为'理解'的范式。"[③]在传统视域中,理解与解释对应不同的研究范畴;解释学重构了理解与解释的关系,提出了一种新型的解释性理解的创见。解释性理解"不再是实体性的,而是非实体性的;不再是超越人的活动之外的,而是在人的存在活动之中的;不再是抽象高悬、永恒不变的,而是生动具体,充满着开放、变数的无限活力"[④]。具体说来,这是一种理智与情感交织一体的反身性自我理解的方法,也是一种"认识你自己"的实践尝试,有助于打破常规的理性主义视域下辨明优缺好坏的简单化自识与判定利弊得失的功利性反思,从而趋向更深刻地理解教育之于自我生命成长的复杂性意义。

---

① William F. Pinar. Autobiography, Politics and Sexuality[M]. New York: Peter Lang Publishing, 1994: 25-26.
② 文中提及的"解释性理解"并非马克斯·韦伯论述的社会学理解的方法。
③ 陈蕾. 教育研究中的解释学取向[J]. 煤炭高等教育, 2007(9): 106.
④ 叶秀山. 西方哲学史(第七卷下)[M]. 南京: 凤凰出版社, 2005: 706.

(二) 理解现在的课程生活境况

我现在是一名大学教育工作者。我很享受当下的工作状态,因为我很享受跟学生们在一起的惬意时光。在取得课程与教学论专业博士学位之后,我来到了现在的单位从事教学工作。从入职到现在,我一直担任着本科生与硕士研究生的《课程论》《课程与教学论》等和课程与教学论专业相关的课程的执教工作。于是乎,对我而言,学术兴趣、工作职责和日常实践完美地融于一体。学生绝非仅是我的教育对象,也是我的合作伙伴;课堂绝非仅是我的工作场所,也是我的研究基地。

从初次登台执教,我就暗下决心好好上课,力争给学生们带来不一样的课程学习体验。坦率地说,我的每次尝试并非总是有效,但如论如何,我总是想着尽力去改变、引领、沟通与实践。正如有经验的老师能够很容易识别出学生是否在努力学习,受教多年的学生也能够很容易识别出教师是否在努力教学。作为新手教师,初登讲坛的我在方法技巧上或许不是那么娴熟自如,但我的努力似乎被学生们感受到了,以至于他们给予我许多宽容,并积极参与课程学习。

最让我难忘的是第一学期的期末,在平生第一次执教的《课程与教学论》结课当晚,我收到班上许多学生主动发来的致谢微信,瞬间感受到为人师者的幸福与意义。学生们的致谢信息中有温言鼓励,但更多的是溢美之词,让我在欣喜自豪之余也有所反思。一名学生在发给我的微信中描述了学习过程的逆转:

> 从起初最开始的第一节课觉得没什么意思,到后来不想听都会被吸引,而且不想莫名遗失每节课,觉得老师对于教育的投入真的很用心,谢谢老师。心理咨询里,第一步就是建立咨询关系,我觉得教育同心理咨询一样,第一步也应是建立起师生关

第三章 教师自传的课程论意义

系,这样的教育变得更有意义。老师的很多教育观念真的很触动我,使我的收获很大。研究生课程与"小、中、高"很不一样,课上交流报告的模式还是很好的,并且仔细想想,这样激发了交流与探讨,很有意义。老师对于学生的理解和关注也是我所欣赏的,谢谢老师一学期的付出和努力,在大学里还能与老师建立这样的师生关系是我的荣幸,感谢老师一学期带给我对教育的感悟和启发。愿与您一同交流努力。①

初看完这条微信,我的确为获得学生的认可而窃喜。然而,当静心回味,我不禁心生警醒,因为学生明确提到"起初最开始的第一节课觉得没什么意思"。我清楚地记得自己精心准备了第一次课,毕竟我也是知道首因效应的。只是,未料到对于一些学生来说,我的这次课还是缺乏吸引力,没有激起他们的学习兴趣。于我而言,这实是失败的一次课!扪心自问,又有多少学生有同样的观感——"起初最开始的第一节课觉得没什么意思",甚或又有多少学生在后来仍然觉得这门课没什么意思,乃至又有多少学生始终觉得这门课没什么意思呢?这名学生认可我并非有意建构的师生关系,但是否又有学生对此不以为然呢?因为我此前更多是从内容和方法入手,而没有特意思考过要从建立良好师生关系入手来提升教学效果。这些问题使我汗颜不已,警醒我不要沾沾自喜,而要清楚地意识到在个人的课程教学方面还有很大的改进空间。

当我思索着如何通过建立良好师生关系来改进课程教学,同系前辈陈晓端教授的一席话让我受益匪浅。他在邀集同单位青年教师交流彼此的课程教学经验时,引述了美国学者对教师角色转变的论述"from 'Sage on the Stage' to 'Guide on the Side'",并分享了他本

---

① 摘自学生的微信。

自传课程研究：理论与实践

人是如何在自己的课程教学中来实践的。① "从'讲台上的圣人'到'课桌旁的向导'"，这是我入职后第一次听到对教师角色转变如此形象的描述。此前，我已阅读到后现代课程理论家小威廉姆·多尔对教师角色转变的论述："'平等者中的首席'(first among equals)界定了转变性后现代课程中教师的作用。作为平等者中的首席，教师的作用没有被抛弃，而是得以重新构建，从外在于学生情境转化为与这一情境共存。"②坦率地说，我虽感受到"平等者中的首席"这一描述的精妙，但由于缺乏异域文化背景，导致对这一描述更多是书面感知而缺乏真实体认。相比较而言，我个人更能体认"从'讲台上的圣人'到'课桌旁的向导'"这一描述的意蕴。这也启发了我要走下高高的讲台，走近学生身边，去了解他们的实际学情，去聆听他们的真实需求，为他们的学习和发展提供参考指引。

另有一名学生给我发的微信也引起了我的反思，这名学生写道：

> 感谢你带给我们的感动。课程结束，看着自己的笔记，记忆最深刻的是那些生动的例子，还有那些争议的问题。为师如你，带给了我很多启发，用心、真心、良心的好老师，能够站在我们的角度来设置问题和课程，特别佩服，是特别值得我学习的。前段时间状态特别差，不喜现行的环境，我一度怀疑自己将来是否能够胜任这份工作，我也在想自己热爱的到底是什么？就是在今天，我觉得，当老师是我一直以来的理想，我喜欢孩子，喜欢他们的天真，我想，即使不能改变大的环境，至少我还是想尽自己最大的努力，真心地爱护每个孩子，哪怕是给予学生一点点的启

---

① 笔者在此将"from 'Sage on the Stage' to 'Guide on the Side'"意译为"从'讲台上的圣人'到'课桌旁的向导'"。
② 小威廉姆·E.多尔.后现代课程观[M].王红宇译,北京：教育科学出版社,2000: 238.

第三章　教师自传的课程论意义

发,我觉得也是欣慰的。这就是我热爱的事情。特别感谢你给的启发和思考。虽然在理论方面我是学渣,但我期许自己能够在实践中当一名好老师,尽力尽心为之努力!①

当看完这条微信,我由衷地感受到作为教师的价值所在。从学生的反馈中,我亲身领略了教师的"神奇魔力"——通过教师个人的引领,确实能够转变学生的理念,让学生走出迷惘、重拾信心。这也给我带来了新的思考:学生们毕业之后是要做教师的,我固然给学生们传播了各种新理念、新方法,期待他们能在未来的教育实践中学以致用,然而,如果他们不能从我身上看到为人师者的热情、从我组织的课堂上体验到课程教学的变革、从我与他们的交往中感受到教书育人的意义,我何以能说服他们乃至苛求他们成长为新时代的卓越教师?我忽然意识到:对就读于师范大学的学生来说,"师范"的体认并不仅是停留在校名和专业,更重要的是来源自对任课教师一言一行的观感。这种豁然领悟令我心生警醒,促使我日益关注教师教育研究领域,不断反思自己如何成为受广大学生高度认同的优秀教师教育者。

在后来的课程教学中,我愈发重视第一节课的开篇效果,也愈发重视每一节课的教学实施。我会向学生讲述知名教育家的成长故事,勉励他们见贤思齐,也会邀请学生畅所欲言,分享各自对某个热点课程教学现象或问题的理解;我会提醒学生他们也是课程教学的主体,需要共同组织、共同参与,也会向学生征求改进课程教学的建议,以便及时调整……我在逐渐改变自己的课程教学行为,希望为学生们树立"何为好的课程教学"的直观图景。某一天,在自由阅读中,我无意间读到国内教育学者刘铁芳教授写的一篇短文《你就是你的

---

① 摘自学生的微信,略调整了标点符号。

教育学：教师的自我修炼》，不禁叹为观止。其中，最令我拍案叫绝的一段话是这样写的："教师站在学生面前，你自身、你的整个姿态就是课堂影响力的源泉，你就是你的教育学。这里的'教育学'指活生生的教育的学问，一种生命的在场，是教师自身作为人的倾心投入，而不是一种理智化的教育的知识。"①于我而言，虽然我此前已经意识到身为教师教育者的重要职责所在，也在努力地见贤思齐，日益改进自己的课程教学行为，却尚未能清晰地确立自己的指导理念。"你就是你的教育学"，刘铁芳教授一语道破，让我有醍醐灌顶之感。"你就是你的教育学"随之成为我作为教师教育者遵奉和努力践行的课程教学信条。

除了努力做好本职的课程教学工作，现在的我越来越关注中小学校鲜活的课程实践改革以及教育行政部门颁行的课程政策。我对各种课程新理念、新方法、新模式的了解多来自专业文献，我本人原先也缺乏在中小学任教的工作经历，而在日常的课程教学过程中，我发现仅进行学理讲解并不能保证学生深刻理解其中的真义。比如，课程与教学论相关教材上都提及了杜威的经验课程论，也从学理层面分析了其贡献与不足，但对于常态化习得学科课程的学生来说，他们是否能真正感知经验课程的实践样态呢？还有一些中小学校联系我参与他们的课程建设，比如想做课程整合和大单元教学的改革，希望作为专业研究者的我能够"出谋划策"甚或"指点迷津"。对此，我不禁反思：自己掌握了这么多所谓的先进理论，又该如何有效地学以致用、服务实践呢？

沿袭着博士生导师当年示范的实践参与路径，我主动争取机会走进各类中小学校，在观摩学习、倾听访谈中收集了丰富的教学案例，也日益深化着自己的课程理解。在与中小学教师合作推进课程

---

① 刘铁芳.你就是你的教育学：教师的自我修炼[J].教育发展研究,2018(8)：1.

实践变革的过程中,我更加体认到"纸上得来终觉浅,绝知此事要躬行"。同时,我也逐渐体会到课程实践变革的复杂性:之前,我认为校长的课程领导力、教师的课程意识与素养是导致学校课程实践变革成败与否的主要原因。然而,当校长的课程领导力、教师的课程意识与素养都达到一定高度时,有些学校的课程实践变革仍然难以实现质的突破,外在的某些管理制度在某种程度上成了限制学校课程发展的"玻璃天花板"。经由同单位师长的点拨,我开始关注现行课程政策对学校课程改革的影响,并逐步参与地方教育行政部门的课程决策。当自己的专业建议被采纳并转化为地方课程政策内容时,我真切地感受到专业所学的价值。

"学然后知不足,教然后知困。知不足,然后能自反也;知困,然后能自强也。"时至今日,我越来越理解和认同《学记》中的这两句话,也越来越感受到自我专业发展的必要。杜威曾说"教育即生活",借此精辟地阐述了学校教育与社会生活的关系。在某种程度上,于我而言,"课程即生活",因为课程业已占据了我个人的专业研究生活与社会实践生活。经历着"课程理论学习—课程教学工作—课程学术研究—课程实践合作—课程决策参与"的课程之旅,我愈发感受到现实的挑战,也愈发体会到:"(我们)课程人唯有贴近世界学术前沿、贴近改革实践前沿、贴近学科重建前沿,才能真正持续地发出自己专业的声音,才能真正回应新时代'概念重建、课程创新'的挑战。"①

五、综合:对自我课程生活的重建

(一) 派纳关于"综合"的方法论述

课程研究自传方法的第四步是"综合"。"综合"即是指关联过

---

① 钟启泉.课程的逻辑[M].上海:华东师范大学出版社,2008:337.

往、未来及现在,以期实现自我的整合,并在整合过程中促进自我的重建。埃德蒙德·古斯塔夫·阿尔布雷希特·胡塞尔(Edmund Gustav Albrecht Husserl,1859—1938)曾指出:意识体验必然具有过往、未来与现在三重体验视域,"一个自我——一个在所有这三个维度上都被充实的、在此充实中本质上相互联系的、在其内容的连续性中自身要求着的体验流:它们是必然的相关项"①。如前所述,无论是追忆过往还是想象未来,都是为了理解现在——解释性理解自我何以是自我,但这并不意味着是为自我当下现状的确认找寻合理依据,而是探寻处于发展过程中的"潜能我"的持续生长。德国人类学家米夏埃尔·兰德曼(Michael Landmann,1913—1984)在其著作《哲学人类学》中论述了人的自我解释对人的自我塑造的影响,他指出:"人的不完满性为自我理解所补偿,这种自我理解告诉他怎样来完善自己。人对自己的解释并不与一个永远不变的现实相分离,而毋宁说,尽管他仅仅是想要解释,但这个解释却对那个现实具有一种构成性的影响。"②换言之,作为课程研究自传方法的"综合",其目的在于整合由追忆而来的"实存我"、由想象而来的"未来我"和由理解而来的"潜能我",借此重建自我的主体性。这种重建既是个体来自生命本能的推动,也是源于主体意识觉醒的推动。

派纳在著作中阐述了"综合"的具体方法应用思路:

将过去、现在和未来放置一旁。

然后具体地凝视自我,如同在镜子前凝视自我一样。注意自己的气息,强调自我存在的具身性。

那个人是谁?

---

① 倪梁康.自识与反思[M].北京:商务印书馆,2002:438.
② [德]米夏埃尔·兰德曼.哲学人类学[M].张乐天译,上海:上海译文出版社,1988:9.

第三章 教师自传的课程论意义

用你自己的话说,现在的意义是什么?

我的学术的和专业的工作对我当下有何贡献?它们是启发了现在还是遮蔽了现在?

你的智识兴趣是自由的吗?它们是否允许亦即鼓励自由的运思活动?它们是否增加了与你生平相关的研究领域的复杂性和精深性,深化了知识和理解?它们是否将你带入一个新的、更高层次的存在?

最终显现出来的概念格式塔是什么样子的?换言之,你的观点是什么?你是否能够悬置观点然后从概念中逃脱,将其放在手中按其本然地加以检视,并查看它与个人心理的、身体的、传记的状态之间的关系?是否能够查看它与你的生活方式之间的关系?①

需明确的是,自我的构成包含着多重维度的复杂性:个体性、社会性、具身性、精神性、客观性、情境性……因此,自我的重建也是一个复杂的过程,既有观念层面的重建,也有行动层面的重建,还有个人维度的重建,以及社会维度的重建等;唯此,才能突破理性、制度、习惯、常规等对自我的层层包裹和重重抑制。这种全面的自我重建,不是对自我的颠覆性解构,而是在追寻自我的完善和超越。同时,自我的重建不是被迫进行的,而是能动的、积极的生命自觉。"首先,人能够决定他自己的行为模式,即他是有创造性的;其次,人能够做到这一点的原因在于他是自由的。"②自我的重建需要个体付诸具体的实践即"反思性实践","这种反思性实践是生成性的建构过程,是一

---

① William F. Pinar. Autobiography, Politics and Sexuality[M]. New York: Peter Lang Publishing, 1994: 26-27.
② [德]米夏埃尔·兰德曼.哲学人类学[M].张乐天译,上海:上海译文出版社,1988: 201.

个创造意义的过程"①。反思性实践由实践与反思交互构成,通过"对实践的反思""在实践中反思"和"为实践的反思",个体迈向了主体的解放。

(二) 重建自我的课程生活世界

作为学生,我在十年的英语课程学习过程中有种种体验,有上课时的紧张、备考前的焦虑、及格的侥幸、失利的羞愧……虽偶有自得,但从未热爱。作为课程研究者,我越来越关注课程学习体验对于学生的教育影响,以至于每每去中小学观访学习时一有机会就追问学生喜不喜欢学校的课程,以及为什么喜欢或不喜欢。作为任课教师,当我站在讲台上注视台下学生时,总会想起学生时代的自己,想着如何给他们带来不一样的学习体验,不至于让他们像我当年一样在课程学习上愁肠百转。作为教师教育者,在跟未来的教师们交流如何做好课程知识教学的同时,我也会提醒他们注意将过程与结果相结合,帮助学生建构积极的课程学习体验。

究其根本,如果想让学生认同课程的意义,就必须让他们建构积极的课程体验。因为对学生而言,"有意义"比"好成绩"更能促使他们热爱课程、钻研课程。无论是我个人此前的切身课程学习经历,还是基于一直以来对学生课程学习状况的调查,外在的"好成绩"并不足以保证个人持之以恒地投身课程学习,而只有感受到"有意义",才会乐此不疲地进行学习。我自己确实有过课程成绩不错但对课程学习无感的时刻,我也从与学业优异的学生的漫谈中听到他们对某些课程的"吐槽"以及对为何学习的迷惘。为了取得"好成绩"的学习更多只有一时之效,难以保证为学生的终身发展奠基。苏联教育家瓦西里·亚历山德罗维奇·苏霍姆林斯基(Vasyl Olexandrovych

---

① 黄忠敬.论布迪厄的课程文化观[J].外国教育研究,2002(3):19.

Sukhomlynsky,1918—1970)曾引用一个形象的比喻来描述这种学习:"著名的德国数学家 F. 克莱因把中学生比作一门炮,十年中往里装知识,然后发射,发射后,炮膛里就空空荡荡,一无所有了。"[①]显然,对学生来说,这种学习缺少意义,且劳心费力,平添了许多烦闷愁苦的学习体验。

时至今日,我越来越认同经验课程论。经验课程论的首倡者是杜威,派纳等人构建的自传课程理论则是经验课程论的新发展。派纳曾阐述了经验的内涵:"简言之,经验不是思维、感情或者直觉,尽管这三种观念都被它包含在内。它们一般作为经验的中介和部分内容,但是并没有穷尽经验的内涵。经验这一概念的运用令人回忆起胡塞尔的作品及'生活世界'的观念。"[②]胡塞尔区分了科学世界与生活世界的差别,指出崇尚科学理性、追求客观事实的人在"对世界的考察中,抽去了在人格的生活中作为人格的主体,抽去了一切在任何意义上都是精神的东西,抽去了一切在人的实践中附到事物上的文化特性"[③],由此遭遇了严重的精神危机,而获得拯救重生的出路在于从抽象的科学世界脱身,返回到被遗忘、被忽略的生活世界。"生活世界这种主观的东西与'客观的'世界、'真的'世界之间的对比所显示出的差别就在于,后者是一种理论的——逻辑的——构成物,是原则上不能被经验的东西的构成物;而生活世界中的主观东西,整个说来,正是以其现实地可被经验到为特征的。"[④]基于此,派纳等人对

---

① [苏]苏霍姆林斯基.把整个心灵献给孩子[M].唐其慈等译,天津:天津人民出版社,1981: 156.
② William F. Pinar. Curriculum Theorizing [M]. Berkeley: McCutchan Publishing Corporation, 1975: 417.
③ [德]胡塞尔.欧洲科学的危机与超越论的现象学[M].王炳文译,北京:商务印书馆,2001: 76.
④ [德]胡塞尔.欧洲科学的危机与超越论的现象学[M].王炳文译,北京:商务印书馆,2001: 154.

个体自我体验的强调,实则是希望促使个体挣脱由学科书本教材构成、为他人所主宰、以科学知识教学为主要目的的课程科学世界的枷锁,返回"教育即生活"的日常生活世界。于我而言,作为教师,无论是在课程教学中向学生展示课程生活世界的美好,还是引领学生复归课程生活世界,首先需要我自己复归课程生活世界。课程生活不是一成不变的,有过往的生活体验、现在的生活进行和未来的生活愿景,过往、现在和未来是一个流动的过程,因此,课程生活世界也是一个流动的世界,复归课程生活世界即意味着建构课程生活世界。在自传反思中,借由对过往的追忆、对未来的展望、对现在的审思,我对课程的理解有了新的体认,需要重建课程生活世界。

生活世界是自我建构的,而不像科学世界那样是为外人(通常是掌握科学知识话语权的科学专家权威)所规定的,重建课程生活世界即是重新审思自我、发现自我的过程,也是重构自我的过程。"实际上,并不存在这样一种自我——它是直觉能够认识到的,是明显的,是本质的,它早已存在,只是等待我们用语言去表现它。实际情况是,我们持续地建构和再建构我们的自我,以满足我们所面临的需要,我们在自己对过去的记忆、对未来的希望和恐惧的指引之下,进行着这种建构和再建构。"[1]也就是说,重建自我并不是一个空洞的冥想过程,而是需要立足实在的生活,即基于过往的生活和未来的生活来改造现在的生活。每一个人的生活都是不一样的,因此,每一个人的自我也是不一样的,更进一步说,每一个人重建自我的路径也是不一样的。尽管重建自我有不同的起点和方式,但美国心理学家弗兰克·戴维·卡德勒(Frank David Cardelle,1946—2010)通过研究却指出:重建自我的核心在于重建自我领导力,使自己成为生命的领导者。如他所说:"我们必须利用我们所拥有的,以及一切的生活

---

[1] [美]布鲁纳.故事的形成[M].孙玫璐译,北京:教育科学出版社,2006:52.

第三章　教师自传的课程论意义

经验,开始重新绘制自己的人生地图,从而找到一条回归生命本源的道路,以唤醒我们内心中'濒临死亡的'和分离的空间里仍存的天生创造力。让那些找回的能力重生,释放其活力,使我们能开始塑造自己的新生命,在持续学习、治疗和成长的同时,领导自己内在和外在的生活。"[1]正如重建自我要立足生活,重建自我领导力也要立足生活,从革新个人生活开始。

孔子曰:"吾十五有志于学,三十而立,四十不惑。"介于而立之年和不惑之年中间,回味着学习课程、教授课程、研究课程、实践课程的课程之旅,我渐渐体认到:没有尽善尽美的学校,也没有尽善尽美的课程,但有尽心尽力的教师。教师并非无所不能,但可尽己所能。作为教师,我需尽己所能地去革新个人的课程生活世界,丰富个人内在的个体性课程生活与外在的社会性课程生活,同时尽己所能地去革新自己执教的每一门课程,努力提升自己的课程领导力,与学生一同共建积极的课程体验,而后引领学生去追忆、展望、审思、重建,使得师生在交往共生的有意义的课程生活中获得生命的解放。

---

[1] [美]弗兰克·卡德勒.重建自我[M].熊汉忠等译.北京:现代出版社,2006:23.

第四章　自传课程的研究转向

20世纪70年代以来,课程研究领域经历着从课程开发到课程理解的范式转型。派纳作为倡导课程理解范式的代表人物,全面批判了课程开发范式的种种弊端,并系统构建了别具一格的自传课程理论,在与后现代课程理论、批判课程理论、现象学课程理论等其他课程理论话语的互动融合中,推动了以拉尔夫·泰勒(Ralph W. Tyler, 1902—1994)为代表的秉持技术旨趣的传统课程研究阵营的研究转向。[①]除了推动宏观层面的课程研究转向,自传课程也推动了微观层面的课程自身转向,促使课程发生了概念重建。

一、从 subject(学科)到 Subject(主体): 课程本质的转向

"课程的本质是指课程的根本属性,涉及构成课程的基本成分和课程的根本功能。"[②]课程的本质是课程研究的首要问题,直指"课程是什么"的本体问题。古往今来,诸多教育人士直接或间接对课程的

---

① 派纳在概述现代课程领域发展史时,将诸多课程研究者依据其理论学说归纳为三类:传统主义者、概念经验主义者与概念重建者。传统研究阵营秉持技术的认识兴趣,以拉尔夫·泰勒为卓越代表,着重在课程开发与实施的普遍原理的指导下开展相关理论与实践工作,归属于课程开发范式。
② 廖哲勋.我对当代课程本质的看法(上)[J].课程·教材·教法,2006(7):10.

第四章　自传课程的研究转向

本质加以界说,揭示了形形色色的课程本质观,如学科本质观、活动本质观、目标本质观、计划本质观、社会文化本质观等。其中,最富代表性的、也是最古老的课程本质观是学科本质观。某种程度上,其他种种的课程本质观都是在批判学科本质观这一传统的课程本质观的基础上发展而来。派纳等人构建的自传课程理论直接缘起于对课程本质问题的思考,对学科本质观进行了深刻的批判,并对课程的本质做了创造性的解读,从而推动了课程本质的根本转向。

(一) 学科本质观的限度

"揭示一个事物本质的方法就是给它下定义。"①所谓学科本质观,意指"课程即学科",即将课程的本质视为学科——从狭义来看,课程被视为某一门具体的学科;从广义来看,课程被视为全部学科的总和。显而易见,学科本质观的具象表征即为学科课程观。在古代,无论是中国先秦时期的"六艺"课程,还是古希腊智者派确立的"前三艺"课程以及由此发展而来的"三科四学"即"七艺"课程,都是这种学科课程观影响下的实践产物。在近代,夸美纽斯主张"用能使人变得明智、有德行、虔信的一切学科进行教育"②,由此,学生在"获得各种学科的百科全书式的知识,完成了全部课程"③之后就能成为博学多智、具有良善德行和虔信品格的人。显然,夸美纽斯构建的"百科全书式课程"是学科课程观作用下的成果。其后,学科课程观经由德国教育家约翰·弗里德里希·赫尔巴特(Johann Friedrich Herbart, 1776—1841)与英国教育家赫伯特·斯宾塞的发展而基本成型。例如,赫尔巴特基于自身的兴趣理论设计了一个内容广泛的课程体系,

---

① 丛立新.课程论问题[M].北京:教育科学出版社,2002:74.
② [捷]夸美纽斯.大教学论·教学法解析[M].任钟印译,北京:人民出版社,2011:79.
③ [捷]夸美纽斯.大教学论·教学法解析[M].任钟印译,北京:人民出版社,2011:250.

包含自然、物理、化学、数学、逻辑等科目,以发展兴趣的多方面性。斯宾塞则把"完满生活"作为教育的目的,将"为未来的完满生活作准备"作为教育的核心要务,而后基于此选择历史、自然、数学、社会科学等相关科目构建了完善的课程体系。尽管杜威在20世纪之初就曾对传统的学科课程观进行了深刻批判,但在现时代,仍有不少教育界人士将课程的本质视为学科,如美国课程研究者亚瑟·贝斯特(Arthur Bestor,1908—1994)所言:"课程必须包括基本的五大领域中的学科的学习,这五大领域是:(1)掌握母语,系统地学习语法、文学和写作;(2)数学;(3)科学;(4)历史;(5)外语。"[1]又如,日本教育学者佐藤正夫(1911—1997)认为:"构成教学内容最重要的要素是教养财富,它是由各门科学的知识素材构成的。这种教养财富一般是编制成具有一定体系的若干学科。经由这些学科所编制的全部教学计划,谓之课程。"[2]此外,加拿大教育学者丹尼斯·赫林卡(Denis Hlynka)在2013年为"课程"撰写术语词条时写道:"课程,最简洁的定义是一系列学习的课目,或者是教的课目。"[3]

尽管学科本质观在不同的时代背景和历史情境中表现出不同的样态,但总的来说,它始终将课程的本质视为学科,并由此催生出了学科本位课程(subject-based curriculum)或学科中心课程(subject-centered curriculum)。学科课程观自有其价值,事实上,也正是得益于学科的稳固形态,古往今来的学科本位课程在历史变迁的过程中保持着内容层面结构体系的延续性。然而,随着时代和社会发展的日新月异,学科课程观的理论与实践弊端越来越明显,致使其越来越

---

[1] [美]亚瑟·K.埃利斯.课程理论及其实践范式[M].张文军译,北京:教育科学出版社,2007:15.

[2] [日]佐藤正夫.教学原理[M].钟启泉译,北京:教育科学出版社,2001:62.

[3] Rita C. Richey.教育交流与技术术语集[M].来凤琪等译,上海:华东师范大学出版社,2017:79.

不合时宜。为了扭转偏差,派纳等自传课程理论构建者对学科课程观的不足展开了鞭辟入里的剖析。

首先,派纳等人通过知识考古,指出了学科课程观存在的先天不足。派纳指出:作为"curriculum"语词的拉丁语词根"currere",其原初含义有两个:其一是名词性的"跑道"(race course),其二是动词性的"跑的过程"(running of the course)。①当"curriculum"被借用作教育术语"课程"时,学校教育的管理者通常更偏重它的名词性含义"跑道",进而引申为编排设计好的学科内容,而渐渐忽视了它的动词性含义"跑的过程",即主体参与的过程。学科课程观即是将课程视为名词、视为客观物、视为预先存在的静态课程思维的直接产物。在静态课程思维的影响下,由于动词性含义的缺失,学科课程观忽略了师生的动态参与,师生的个人体验及交互体验被排除在课程之外——具体言之,无论是师生对学科的前见理解,还是师生对学科的过程思考,都被认为不属于课程的范畴,从而导致学校课程"只见学科不见人"的现象。并且,在静态课程思维的影响下,课程是客观学科内容的集合,经过一定规程化的编排设计,而后提供给师生使用。由于通常认为学科遵循着科学的逻辑,如实地表征着客观事物,外在于人而存在,这也就导致主张"课程即学科"的学科课程外在于师生而存在。特别是对学生而言,外在于他们并且先于他们而存在的学科课程是"身外之物",他们自身没有主动选择权,直接被要求学习前人编排好的学科课程,由此,课程学习的过程往往异化为被动复制学科内容的过程,正如夸美纽斯所言:"学习各门学科的规则赖以形成的原理应将科学的原理印入学生的头脑。"②学科课程因其固有的公共性、抽象性、客观性等属性,使得学生个性化的、具体的、鲜活的兴

---

① William F. Pinar. What Is Curriculum Theory? [M]. New York: Routledge, 2004: 35.
② [捷]夸美纽斯.大教学论·教学法解析[M].任钟印译,北京:人民教育出版社,2011: 142.

趣需要难以被一一满足,从而在事实上也未能充分发挥出真正的教育价值。在这种情形下,学科课程的价值很难被学生所体认,相反,其往往会被学生视为避之不及的沉重学习负担,学生也因此产生种种消极的学习体验。

此外,受静态课程思维的影响,学科课程观视域下的学校课程开发更多地表现为简单化的技术性工作。"现代课程开发的基本原理删减了课程的词源学意义,把课程简化为一个名词,即'跑道'本身。这样,几代教育者经过学校教育都相信课程是具体的目标,是我们实行的课程计划,或是我们遵循的课程指南,而不是在跑道上跑的过程。"[①]正缘于此,派纳等人才激烈批判被誉为现代课程开发的基本原理的"泰勒原理",揭示了受技术理性宰制的"泰勒原理"的"反历史"和"反理论"品格,并指明了程序主义方法技术的弊端:"把课程开发过程变成一种普适性的、划一性的模式,这样,课程开发过程中的创造性不见了;每一具体学校实践的特殊性也容易被忽视;教师在课程开发过程中的主体性、创造性也得不到应有的尊重。"[②]

更值得注意的是,按照派纳的主张,即便学科课程能够引领学生观察世界,但过于强调从学科的视角来观察世界,则仿佛是仅仅透过窗户来观看外部世界,却忽视了人能够直面世界,忽视了世界有生命、有人性而非仅有实物,更忽视了人自身构成了世界并与世界同在。并且,若从社会政治的角度来分析学科课程,不难发现其中渗透着的权力因素,将师生排除在课程之外,要求教师如实地传递课程、学生尽力地掌握课程,通过学科课程的授受,不平等的权力结构关系被无意识地传播与复制,由此强化了课程的文化编码与社会再生产的功能,进而在事实上加剧了教育的不平等乃至社会的不平等。因

---

① [美]帕特里克·斯莱特里.后现代时期的课程发展[M].徐文彬等译,桂林:广西师范大学出版社,2007:61.
② 张华.课程与教学论[M].上海:上海教育出版社,2000:14.

此,可以说,学科课程是一种没有主体的课程,学科课程观即是一种如保罗·弗莱雷(Paulo Freire,1921—1997)所形容的"非人化"教育观。

(二) 主体本质观的超越

综上所述,在学科课程观的视域下,"一般人往往将教师准备于课堂教学的科目单元主题与内容纲要,视同'课程'的同义词,或将学校开授的科目表或学生的功课表视为'课程'的全部,甚至将教科书当成唯一的'课程'"①。自传课程理论家的主张与此大有不同,派纳曾明确提出了一种全新的课程理解:"课程不是由诸多科目(subjects),而是由诸多主体(Subjects)、主体性(Subjectivity)构成的。课程的开展就是建构自我、建构主体性生活体验的过程。"②进而言之,与将课程的本质视为学科的传统学科课程观截然相对,派纳构建了将课程的本质视为主体/主体性的主体课程观。

自传课程蕴含着的主体课程观是对学科课程观的超越,主要表现为以下几个方面:首先,自传课程确立了师生尤其是学生在课程中的主体地位。学科课程的主导逻辑是学科逻辑,强调人类现有文化遗产但已作为客观存在的学科的重要价值和先在地位。在学科课程观的作用下,学校中的课程形态是学科本位课程,教师和学生都处于附属的地位——教师仿若学科课程的传递工,学生则相应成为接受者,评价师生教学成效的标准即在于学科课程的授受情况;可以说,学科本位课程尽管多以无生命的教科书为载体显现于形,却在事实上宰制着学校师生的教育生涯。在此过程中,学生因受到学科和教师施加的双重压力,而完全处于客体的地位。与之相对,自传课程

---

① 黄光雄,蔡清田.课程发展与设计[M].台北:五南图书出版公司,2009:19.
② William F. Pinar. Autobiography, Politics and Sexuality. [M]. New York: Peter Lang Publishing, 1994: 220.

的主导逻辑是人的发展,着重发掘人的成长体验。"教育应该要以'人'为出发点,学习者的成长乃是教育所关心的重点,这是教育的首要问题,有关课程设计、教学方法、行政视导、教育研究等,必须回归到'人之成长'的议题,偏离了这个议题,都将让教育产生偏差,甚至异化。"①即便学校提供的是学科课程,也可通过主体的内省反思来进行转化。类似于苏格拉底(Socrates,前469—前399)所言的"未经省察的人生没有价值",在自传课程理论家看来,未经省察的学校课程也没有价值。对学生而言,如若没有从个人自身角度出发对学校课程中规定的标准、预设的目标、统一的内容等予以反思,在日复一日的学习过程中,则会渐渐导致自我的迷失。如派纳所说:"我们很多人迷失在'思想'中,迷失在概念中。12—20年的受教育生涯中,我们每天花6个小时,每周花5天待在即使不是由思想,至少也是由词汇主宰的课堂里,坐在十分不舒服的椅子上,并使我们的注意力离开椅子和它的不舒服,安坐在贫乏的足以使我们不去注意它的课堂里,控制我们的思想不背离我们自己,被迫倾听那些与我们当下的身体和存在状况几乎不相干的话语,可以理解,我们陷入了思想的困境中。"②因此,学生唯有返回自身,扪心自问,探查课程之于个人的内在体验的意义,才能保持自我的存在,学校课程经由内省反思转化为"我"的课程,这也即是确立自身的课程主体地位的过程。对教师而言,同样如此。通过内省反思,教师不再是照本宣科的传声筒,学校课程成为教师"领悟的课程",而学生也不再是等待填充的储物箱,学校课程成为学生"体验的课程"——由此,师生变得鲜活起来,师生也随之赋予了课程鲜活的意义。

其次,自传课程以健全人的主体性为目的。学科课程表征着理

---

① 吴靖国.生命教育[M].台北:五南图书出版公司,2006:9.
② [美]威廉·派纳.自传、政治与性别[M].陈雨亭等译,北京:教育科学出版社,2007:7-8.

性,在"学科中心课程"的规约下,学校中的师生越来越理性化。基于客观事实的学科理智遮蔽了个人主观的情感体验,导致个人日益变得发展失衡。派纳引用瑞士心理学家卡尔·古斯塔夫·荣格(Carl Gustav Jung,1875—1961)的话指出了理性化给人带来的负面影响:"被过度重视的理性与政治专制主义有共同之处:在它的统治下,个体被贫困化了。"①换言之,由于变得越来越理性化,理智过度突显,情感体验却被重重抑制,人随之变得越来越同质化和单一化,渐渐沦为千人一面的"单向度的人",在此过程中,人的主体性也变得越来越单薄狭隘。对此,派纳指出:自传课程即是一种"提供从理智中解放出来的机会,提供经验的通道,提供把理智植根于这种经验中的机会"②。自传课程理论家主张,个人要直面并洞察亲身的内在体验,反思自己在理智获得过程中经历的喜怒哀乐等真情实感,通过呈现真实的多维自我,人的主体性由此得以越来越丰盈、越来越完善。同时,自传课程理论家也意识到单纯通过个人的内省反思有可能滑向唯我论,致使个人陷于感伤主义而不能自拔,因此,他们主张通过多元主体的对话来保持自我的开放性。派纳再次引用荣格的话来强调社会交往之于人的重要意义:"没有人能够意识到他的个体性,除非他紧密地、负责任地与他同时代的人联系起来。因此当他试图寻找他自己的时候,他没有退回到自我中心的荒漠中去。只有当他深深地、无条件地与一些(通常与许多)个体联系起来,即与那些他有机会与之比较,并且从他们身上他能够区别出他自己的人联系起来的时候,他才能发现他自己。"③在此基础上,派纳赋予了课程新的含

---

① [美]威廉·派纳.自传、政治与性别[M].陈雨亭等译,北京:教育科学出版社,2007:33.
② [美]威廉·派纳.自传、政治与性别[M].陈雨亭等译,北京:教育科学出版社,2007:31.
③ [美]威廉·派纳.自传、政治与性别[M].陈雨亭等译,北京:教育科学出版社,2007:49.

义——"课程即复杂的会话"(curriculum as complicate conversation),这也正是为了从个体和社会两个方面来健全人的主体性发展。"课程即复杂的会话意味着课程不是承载知识的学科科目,而是学生与自我、学生与同伴、学生与教师围绕学科科目、围绕生活体验、围绕社会问题展开的多元互动对话交往。"①基于此,确切地说,自传课程发展的是人的主体间性(inter-subjectivity),兼顾人的个体性与社会性,不仅强调澄明自我与自我的关系,还强调澄明自我与他者的关系。

第三,自传课程重在澄明具体个体的存在意义。饶有意味的是,传统的学科课程论者在论述学校课程目标时,通常也采用尊重学习者主体地位、促进学习者主体性的类似表达,如近代学科课程观的确立者夸美纽斯就强调"学校是人性的工场",要激发学生主动学习的自觉,为学生提供适切的学科课程,将其造就为"真正的人"。②又如,现代学科课程观的集大成者、倡导"学术中心课程"(discipline-centered curriculum)的美国教育家布鲁纳就曾指出:"如果一门课程的目的只是要把握些什么,只是要传递某些信息,那么,其意义就微乎其微。就达到上述目的而言,其实教学未必是一种最好的方式。除非学习者能够成为自己学习活动的主人、能够提升品位,并深化对世界的认识,否则,所要把握的那些'内容'是不值得传授的。"③自传课程理论家为了避免语言游戏导致的空洞的"主体性的神话",在实际行动上采取了不同的路径,即将重心放在每一个具体存在的个体身上。"在这里,'个体'是'具体的'而非各种观念的抽象;是活生生'存在的'而非各种僵死的'目标';是完整的'超越性自我'而非各种

---

① 冯加渔.儿童自传课程论[M].济南:山东教育出版社,2018:75.
② [捷]夸美纽斯.大教学论·教学法解析[M].任钟印译,北京:人民教育出版社,2011:70.
③ [美]杰罗姆·布鲁纳.教学论[M].姚梅林等译,北京:中国轻工业出版社,2008:63.

固定的'角色'或'其他人的对象化'。"①质言之,与因学科课程固有性质缘故而重视普遍性、总体性的学科课程观不同,自传课程观更为重视每一个人的特殊性、具体性样态。如前所述,自传课程理论家主张,个人要通过内省反思直面并洞察亲身的课程体验;派纳则进一步指出:"人的经验中最重要的是它的独特性(particularity),在某种意义上甚至是它的怪异性(eccentricity)。科学规律和抽象并不能把握住个体经验的奇特性(singularity)。"②所以,自传课程是每个人独有的彰显自我特性的体验课程,是"第一人称的课程",通过对每一个人的课程存在体验(lived experience)的省察,不论其成绩、表现、身份、背景等差异,由此确立每一个人真实存在的意义,进而经由课程保障了人与人之间的平等,也推进了每一个人的生命自觉和主体解放。

二、从知识到自识:课程内涵的转向

作为哲学术语,内涵意指"对象的特有属性、特别是本质属性在概念中的反映"③。在不同时期,由于人们对对象事物本质认识的差异,对与之相关的概念的内涵的界定也会随之同步发生变化。具体就"课程"而言,课程研究的传统阵营将课程的本质视为学科,而学科通常被认为"是根据一定的理智任务及知识自身的特点而对知识进行的有组织的社会分组,是拥有自己的一套观念、方法和主要目标的相对独立的知识体系"④,因此,在学科本质观的视域下,课程的内涵

---

① 张华等著.课程流派研究[M].济南:山东教育出版社,2000:276-277.
② William F. Pinar. Autobiography, Politics and Sexuality. [M]. New York: Peter Lang Publishing, 1994:104.
③ 冯契.哲学大辞典(修订本)[Z].上海:上海辞书出版社,2001:1048.
④ 蒋洪池.大学学科文化的内涵探析[J].江苏高教,2007(3):27.

是指知识。如前所述,自传课程理论家主张的"将课程的本质视为主体"的主体课程观是对传统研究阵营"将课程的本质视为学科"的学科课程观的超越,在此情形下,自传课程理论家对课程的内涵的理解也发生了根本转向。

(一) 客观知识的僭妄[①]

学科本质观将课程的本质视为学科,将课程的内涵视为知识,与之相关的核心概念"学科课程"的界定通常会与知识相关联,从而形成了"课程—学科—知识"的论理回环,如:"所谓'学科课程',是以文化知识为基础,按照一定的价值标准,从不同的知识领域或学术领域选择一定的内容,根据知识的逻辑体系,将所选出的知识组织为学科。"[②]考察课程发展史,学科课程观正式确立于近代。如果说学科课程观在近代还有助于人们通过课程学习掌握知识理性进而摆脱蒙昧状态乃至推动社会的昌明,那么在如今知识爆炸的时代则引发了一系列教育危机。"这种观点从一开始便存在着隐患:课程所关注的是学到、掌握了多少知识,怎样使受教育者尽可能快、尽可能多地记住知识,等等。几乎必然地,学习者掌握知识的数量和质量往往成为教师甚至整个教育所追求的目标。"[③]换言之,知识成为了教育活动的内核与目标,教师和学生则沦为因知识而存在的附庸,他们的价值因知识而彰显。回溯历史,夸美纽斯在确立由百科全书式的知识体系构成的泛智课程时,就致力于"把一切知识教给一切人类",并着

---

① 英国经济学家弗里德里希·奥古斯特·冯·哈耶克,(Friedrich August von Hayek, 1899—1992)在获得1974年诺贝尔经济学奖后发表了题为《知识的僭妄》的演讲,对唯科学主义认识论进行了批判,指出科学知识亦即客观知识是有限度的,科学理性不能滥用,要避免知识的僭妄。
② 张华.课程与教学论[M].上海:上海教育出版社,2000:238.
③ 丛立新.知识、经验、活动与课程的本质[J].北京师范大学学报(社科版),1998(4):26-27.

重提出用类似于印刷术的教学术来授受知识:"印刷工艺包括一定的材料和工作程序。材料包括纸、活字、墨汁和印刷机。工作程序有准备纸、排版、着墨、校样的改正、印刷与印刷品的干燥。……在教学术中,也呈现出同样的成分。代替纸,我们有学生,他们的头脑要印上知识的符号。代替活字,我们有教科书和为使教学顺利进行而设计的其他教具。教师的声音代替墨汁,因为正是这种声音将知识从书上传达到听者的头脑中。印刷机就是学校的纪律,它保持学生做他们的功课,督促他们学习。"①显然,知识成为学校中教师和学生角色赖以维系的依托,教师和学生同书籍一样成了知识的载体,他们的存在价值因知识普及传承之需而得以确证。

随着知识论的发展,客观主义的现代知识型成为主导,知识凌驾于人之上的趋势愈加明显,也愈加严重。客观主义的现代知识型将知识视为客观真理或客观事物的如实表征,强调知识的客观性、普遍性和价值无涉,造就了客观知识的专断地位,将人的主观情感、认识体验驱逐出客观知识乃至知识的范畴,从而使得知识脱离了主体的个体性呈现出非人格的特征。科学知识即是客观知识的代表。以传播科学知识为主业、推崇"科学知识最有价值"的学校教育机构围绕科学知识的逻辑来设计组织课程,尽力使得课程被科学知识所充塞。有学者描述了学校课程中的知识图景:"传统学校里教的知识,是套装知识。套装知识只是知识的一部分。什么是'套装知识'?把人所认识的世界的整体样态,经大幅筛选,抽掉个人的特殊经验,留下那些较被公认的材料,再经分门化、客观化、抽象化、系统化甚至标准化的细密处理,编制而成的知识体系,便是所谓的套装知识。一般说来,教科书上所铺陈的材料,是套装知识的典型。"②这种"套装知识"

---

① [捷]夸美纽斯.大教学论·教学法解析[M].任钟印译,北京:人民出版社,2011:263.
② 黄武雄.学校在窗外[M].北京:首都师范大学出版社,2009:87.

即是科学知识或者说客观知识的翻版,经由教学的影响,师生被"套装知识"层层包裹而变为"知识人",个人的自我人格特性逐渐被销蚀。此外,各门课程的价值随着自身含纳科学知识的"含金量"即数量和质量来划分等级差别,造成世人心目中普通教育的数理化等自然科课程的地位最高、文史政等社会科课程的地位其次、音体美等艺体科课程的地位居末的相对地位差异,也导致了普通教育课程地位相对高于职业教育课程地位的大众认识偏差的现实境况。凡此种种,简言之,课程被知识所定价来比较衡量,课程中的人也被知识所定价来比较衡量,知识僭越成为决定师生在学校中生活境况的主宰。

针对客观知识的僭妄,自传课程理论家展开了深刻批判。派纳直接将客观知识称之为"奴役性的知识",他说道:"任何对抑制个体发展的知识的使用——表现为通过使用它来夸大个人的社会地位或者使个人的政治行动神秘化——都表明'认知者与认知对象之间的关系'是一种奴役的关系。当存在这样一种关系的时候,所产生的知识性质和所采取的战略行动的性质就必然是奴役的。"①在这种"奴役性的知识"的影响下,学校课程也受到误导和干扰,本然价值发生偏离,实际发生着抑制人的全面发展而非促进人的全面发展的作用。正是痛感于学校课程的异化给教师和学生乃至学校场域中的全体教育工作者都带来了"不可承受的生命之重",自传课程理论家对课程进行了概念重建,构建了主体课程观,以复归课程的本质和复现课程的本然价值。与此同时,自传课程理论家适时引用了新的知识论主张作为主体课程观的知识论基础,以从根本上来变革科学知识观和学科课程观。派纳说道:"不言而喻,知识的性质和潜在作用与产生

---

① [美]威廉·派纳.自传、政治与性别[M].陈雨亭等译,北京:教育科学出版社,2007:90.(译文基于英文原文略有调整。)

它的环境和策略有很大的关系。在这种意义上,知识是'社会—传记'冰山(a social-biographic iceberg)的顶端。在很大程度上,那个顶端的本质是那些创造它的人的经验本质的变体。从作为主体存在的个体的观点来说,这种方法显然注意到了创造知识的经验。它意味着运动,意味着我们从被困的状态中脱身解放。"①具体言之,自传课程摒弃了客观主义知识观而走向了基于社会情境、突显自我体验、旨在主体解放的知识观。新的知识观承认了个体的意识、情感、体验、理解等所谓主观因素的价值,并将其视为认知过程中必不可少的构成,强调具体存在的个人切身的生活体验与立足的社会情境对于知识获得的重要意义,由此获得的知识并非普遍性的公共知识而是情境性的个人知识,更重要的是明确目的在于通过知识获得解放。无疑,这是对导致情理二分的身心二元论客观主义科学知识观的超越。

(二) 自我知识的澄明

众所周知,课程理论的发展与知识观的进化相伴共生,每一课程理论流派都打上了某种知识观的特性烙印。如前所述,自传课程理论寻找到了新的知识观,而批判了客观主义科学知识观。他们坚信:"不能用科学的、实证的知识解决人类的知识问题。事实上,科学知识能够认识无限的事物,但是它能够解释的一直都只是事物和客体,它从来都不能达到人格。"②如果说,学科课程观论者将课程的内涵视为知识,而后进一步窄化为科学知识,从而导致了"奴役性的知识"乃至"奴役性的课程",那么,自传课程理论家则是将课程的内涵视为

---

① [美] 威廉·派纳. 自传、政治与性别[M]. 陈雨亭等译,北京:教育科学出版社,2007:56.(译文基于英文原文略有调整。)
② [意] 巴蒂斯塔·莫迪恩. 哲学人类学[M]. 李树琴等译,哈尔滨:黑龙江人民出版社,2005:49.

自我知识(self-knowledge),进而催生了"解放性的知识"(emancipatory knowledge)乃至"解放性的课程"。

自传课程理论家明确主张:"课程更主要的是个体的'自我知识',而不只是外在于个体的文化知识。"[①]之所以将课程的内涵视为自我知识,是因为自传课程理论家不满于人被科学知识(或前文所称的"套装知识""文化知识")层层包裹导致自我的迷失,就像波兰诗人维斯拉娃·辛波斯卡(Wislawa Szymborska, 1923—2012)所描述的:"我们通晓地球到星辰的广袤空间,却在地面到头骨之间迷失了方向。"[②]人的自我的迷失导致了一系列问题,进而引发了师生的心理危机、学校教育的危机和社会生活的危机。"学校教育,由于大量灌输套装知识,确实忽略了与人的主体经验相互联结,造成多数受过学校教育的人,都浮离于真实世界上,只知道一些普遍法则,而惯于以套公式的方式对待人生。"[③]有鉴于此,自传课程理论家从返归于人、寻找人迷失的自我出发,对科学知识本位的课程进行概念重建,以此来救治师生的教育生存危机和革新学校课程生态。他们反对科学主义的僭妄,坚持人本主义的立场,秉信"在对自己的了解方面,乃是对自己各种特质的了解,发现自己的优缺点、思考风格、行为倾向等;对教育过程而言,让学生得以'认识自己'是一项最基本的工作"[④]。派纳、格鲁梅特等人援引现象学、存在主义哲学、精神分析心理学对个体意识、情感、感想、遐思等的价值确认来对抗客观主义科学知识理性的重压,针对性地从探究个体自我的意识、情感、感想、遐思等这些存在体验着手,建构着个人的自我知识,借由自我知识的渐

[①] 张华.课程与教学论[M].上海:上海教育出版社,2000:27.
[②] [波]维斯拉瓦·辛波斯卡.辛波斯卡诗选[M].陈黎等译,长沙:湖南文艺出版社,2012:7.
[③] 黄武雄.学校在窗外[M].北京:首都师范大学出版社,2009:58.
[④] 吴靖国.生命教育[M].台北:五南图书出版公司,2006:13.

渐充盈来一点一点地恢复被遮蔽的人之本真,进而为澄明自我奠定基础。

自我知识是关于自我存在、经由自我建构、为着自我解放的知识。"自我知识是关于某人自己的心智状态的知识。例如,关于某人自己当下的经验、思想、信念或愿望的知识。"①自我知识是"第一人称的知识",通过个人的反思内省而获得,存在于个人的反思内省经验之中,如派纳所说:"自我知识——认识你自己,是古代教育的训谕。这种知识寓意着自我反思。"②因此,自我知识并非只是后现代思潮下的新学说,而是一种有着深厚理智传统的个人的经验知识。以自我知识为内涵的自传课程,强调课程的经验性基础,但这种经验并非他者的经验,而是个体自身的存在体验。他们主张:"课程是生活于其中的人的经验,是人形成自我的过程,教师和儿童将他们的形成的过程写进课程内,将自我知识的旅程中的问题、故事、痛苦和欲望等放进生命感情的表出形式之中。"③简言之,自传课程主张课程开展的过程即是反思自我生活体验的过程,也是自我知识探求的过程,个人的课程生活不纯粹是为科学知识所占据的理性生活,而是主客一体、情理相融的经验生活。

自传课程虽着重探查个人的内在经验,受主观意识的驱动影响,但并不虚无缥缈,因为它赖以为基础的自我知识绝非神秘主义的隐晦,与客观主义科学知识一样都追求"真",只是对"真"的理解与客观主义科学知识大相径庭。客观主义科学知识追求的"真"是指对客观事物、客观世界的如实表征,亦即客观性的表征之真。自我知识追求的"真"立足于自我之真,承认个体在知识学习过程中生发出的真

---

① [美]布瑞·格特勒.自我知识[M].徐竹译,北京:华夏出版社,2013:2.
② William F. Pinar. The Character of Curriculum Studies [M]. New York:Palgrave Macmillan, 2011:8.
③ 欧用生.课程理论与实践[M].台北:学富文化事业有限公司,2006:35.

实情感、真实反应、真实感想,亦即情境性的体验之真。客观主义科学知识某种程度上揭示了客观实在之真,但在现实中会导致认知主体的失真。这无疑是一种本末倒置。对此,自我知识则通过扎根于主体的生命体验来揭示人的本真。"最真实的知识不是最'客观'的知识,最'客观'的知识是最不可能出现的,因为客体的最外在方面———一套容易发现的符号——介入其中;但相反,我能对之有最深刻的理解的是只有当我被牵涉其中时才能得到解释的客体。这样一种知识模式是密切建立在我的生命和我的经验之上的。"[1]换言之,自我知识更加强调真实自我的介入而非抽象符号的介入,知识始终渗透着个人难以言传的情感体验、求知欲望、理智追求和个人生活史。自传课程作为一种存在体验课程,恰恰强调揭示个人的情感体验、求知欲望、理智追求和独特的个人生活史,致力于将"正式的课程"转变为"经验的课程",倡导学生在知识学习过程中回顾过往的自我、展望未来的自我、审思现在的自我,从而将课程知识学习的过程转化为个体自我建构的过程,由此恢复了知识的个人性和意义性。"知识是否有意义要取决于据有这种知识的人。"[2]当学生感受到了过程参与的意义,确认了自我存在的意义,课程也变得富有意义。显然,自传课程体现了自我知识的内在属性。

相对于客观知识而言,自我知识是一种个人化的主观知识,但它绝非意味着反智主义的个人臆想,而是有着独特的实在意义。从个人知识的角度来看,英国哲学家迈克尔·波兰尼(Michael Polanyi,1891—1976)在其著作《个人知识——迈向后批判哲学》中已经翔实阐述了个人知识的现实意义,指明了所有知识都不可与认识主体相分离,都有个人参与。与波兰尼同一时期的英国著名学者哈耶克尽

---

[1] [意]巴蒂斯塔·莫迪恩.哲学人类学[M].李树琴等译,哈尔滨:黑龙江人民出版社,2005:49.
[2] 陈友松.当代西方教育哲学[M].北京:教育科学出版社,1982:115.

第四章 自传课程的研究转向

管基于理性主义批判了建构主义认识论的偏差,但他同样也批判了客观主义知识观,并肯定了个人知识的价值。"在哈耶克那里,理论知识始终而且只能是有关抽象秩序或模式的知识,甚至往往只是人们据以理解这类秩序或模式的原理的知识,但是这种理论知识却是以巨大无边的'分立的个人知识'为背景和依托的。"① 从主观知识的角度来看,即便是秉信客观知识的哲学家波普尔也肯定了主观知识的存在:"主观知识是一种极其复杂、深奥、但却惊人地准确的调节手段的基本要素,和客观的推测性知识一样,主观知识主要也是通过尝试和除错方法、通过推测、反驳和自我校正方法而起作用。"② 与此同时,自传课程理论家看到了局限于个人主义的自我建构容易陷入主观主义唯我论的危险,鉴于完善的自我融合了个体性与社会性,他们也特别强调知识的社会性及自我的社会性,主张多元主体围绕知识展开互动对话。"派纳把课程看作一种启发性谈话。大家倾听每一个人的观点并彼此展开对话,要求从不同的视角去阐释问题,提出了有关社会和课程方面的改变。"③ 进而言之,如派纳所说,自传课程即是复杂的对话,通过对话,教师与学生、教师与课程、学生与课程的对立得以被弥合。

---

① 邓正来.自由与秩序:哈耶克社会理论的研究[M].南昌:江西教育出版社,1998:94.
  哈耶克曾写道:"今天,谁要是认为科学知识不是全部知识的概括,简直就是异端邪说。但是稍加思索就会知道,当然还存在许多非常重要但未组织起来的知识,即有关特定时间和地点的知识,它们在一般意义上甚至不可能称为科学的知识。……奇怪的是,这种知识今天一般遭到蔑视,掌握这种知识的人如果胜过掌握更好的理论或技术知识的人,他几乎会被认为是行为不端。"(参见哈耶克著《个人主义与经济秩序》,贾湛等译,北京经济学院出版社1991年版第76—77页。)
② [英]卡尔·波普尔.客观知识[M].舒炜光译,上海:上海译文出版社,1987:82.
③ [美]约翰·麦克尼尔.课程导论[M].谢登斌等译,北京:中国轻工业出版社,2007:405.

三、从他组织到自组织：课程结构的转向

课程结构亦即课程的组织结构，是指课程各要素、各成分按照一定方式加以组织编排后形成的结构。从系统论的视角来看，课程作为一种教育活动系统，课程结构是其骨架，关系着课程内容、课程设计与课程功能等，"课程结构标志着课程系统的组织化和有序性的程度"①。无论是学校整个课程体系，还是单门具体课程，都有相应的宏观或微观课程结构。可以说，不同的课程结构，导致了不同的课程样态。基于复杂性科学理论，德国科学家赫尔曼·哈肯（Hermann Haken，1927—　）综合前人的相关研究成果，分析了生命系统、科学系统、社会系统等诸多复杂系统的组织结构问题，指出系统的组织方式可划分为两种，即"自组织"和"他组织"（或称"被组织"）。"如果系统在获得空间的、时间的或功能的结构过程中，没有外界的特定干预，我们便说系统是自组织的。这里的'特定'一词是指，那种结构和功能并非外界强加给系统的，而且外界是以非特定的方式作用于系统的。"②与之相对，需要外界的特定干预来推动组织系统运行的则是他组织的系统。③若引用此理论来分析课程结构，显然可以看出：将课程的本质视为学科、将课程内涵视为知识的传统研究阵营采用的是专家主导的课程组织方法，他们所倡导的学科本位课程即是典型的他组织的课程；主张课程的本质是主体、课程的内涵是自我知识的自传课程理论家反对传统研究阵营的观点，其倡导的自传课程则

---

① 黄甫全. 现代课程与教学论[M]. 北京：人民教育出版社，2014：192.
② [德] H. 哈肯. 信息与自组织[M]. 郭治安译，成都：四川教育出版社，2010：18-19.
③ 哈肯曾在其著作《协同学引论》中用实例解释了自组织与他组织的区别：有一群工人，"如果每个工人在工头发出的外部命令下按完全确定的方式行动"，则称之为他组织；"如果没有外部命令，而是靠某种相互默契，工人们协同工作，各尽职责来生产产品"，则称之为自组织。

是自组织的课程。简言之,自传课程的课程结构是对学科课程的课程结构的创新。

(一)他组织课程结构的预成

当课程的本质被视为学科、客观知识被当作课程的内涵时,由此产生的种种学校课程就带有了他组织的特性。一方面,从课程要素构成亦即课程内容来看,基于学科本质观开发的课程的内容对作为课程主体的师生而言无疑就是他组织的。在客观主义知识观的视域下,无论是作为知识体系的学科,还是具体的客观知识,其发现、创造或阐释都被认为与普通大众无缘,只有少数具备了高超认知能力、仿佛"先知"般地预先窥探了知识的堂奥及精准掌握了知识的逻辑的专业人士才能与之关联。当某些客观知识被教育决策者选择采纳,经由被遴选的所在知识领域的权威专家根据一定的学科原理加以综合整理和系统编排,便形成了分门别类的学校正式课程。作为普通大众的教师和学生因被认为缺乏相应的能力而被排除在学校课程的内容选择和组织之外。权威专家和教育决策者则分别凭借着所掌握的知识解释权和将知识合法化的决策权一同掌握了课程内容选择和组织的主导权。课程内容体系如何、课程内容标准如何、课程知识要义如何等都由权威专家和教育决策者来裁决审定,学校课程的科学性、规范性内容渐变为标准性、制度性内容。当教师和学生不被认为具有创造知识、理解知识的能力与权力时,他们在课程中的地位便发生矮化,课程预表的真理、理性、知识凌驾于他们之上,所谓的课程教学活动随之窄化为预定内容的授受,他们对课程内容的个人化理解无足轻重。即便是发现课程内容不适宜于具体学情,教师和学生也没有直接调整变更的权力,他们被认为缺乏完善课程的能力,最终只得等到课程内容经权威统一修订后才能按部就班地调整。简言之,学校课程内容的选择、组织与调整都被预先设定了一套严整的规则程序,一般的教师与学生都被剥夺了参与其中的权利。特别是对学生来说,作为教育的对象,位居学校教育金字塔底端的他们只得被动接受预定的标准课程内容,正如课程学家多尔所说:"课程材料如此结构化以至于学生的学习不是以他们自身的自组织过程,而是以他们追随他人预定的、逻辑设计的、简单排列的、序列化的步骤所得到的结果来界定。"①

另一方面,从课程组织编排亦即课程设置来看,传统的课程设置基本上都遵循着"防教师"(teacher-proof)与"防学生"(student-proof)的理路,由此编制成型的课程对作为课程主体的师生而言也是他组织的。例如,早在夸美纽斯倡导百科全书式课程的年代,尽管他屡次在著作中提及要尊重学生的自然天性和教师的自主性,但在为不同层次学校设计课程时却将师生排除在外,他甚至表示"希望人类的教育成为机械式的,一切都是确定无疑地规定了的,从而使所要教、学和做的一切都能有成效"②。究其实质,这是一种秉持精英主义的课程设计取向,其具体方法则带有浓重的机械主义色彩,进而否定了教师和学生的主体参与作用——因此,可以说,"夸美纽斯的教学论开启了现代课程和教学排斥教师、排斥学生的先河"③。在其后的赫尔巴特与斯宾塞那里,他们设计学校课程时同样秉持精英主义的取向。就赫尔巴特及其追随者而言,他们虽倡导基于儿童多方面的兴趣来设计课程,甚至主张课程内容的选择与组织必须与儿童多方面的兴趣保持一致,通过精巧构思为发展儿童每一方面的兴趣都设计了相应的学科,但在实际操作时单纯以专家设计者对儿童的理

---

① [美]小威廉姆·E. 多尔. 后现代课程观[M]. 王红宇译,北京:教育科学出版社, 2000:107-108.
② [捷]夸美纽斯. 夸美纽斯教育论著选[M]. 任钟印译,北京:人民教育出版社,1991: 427-428.
③ 张华. 研究性教学论[M]. 上海:华东师范大学出版社,2010:44.

第四章 自传课程的研究转向

解为依据,并没有将儿童及与儿童密切交往的教师纳为直接参与课程设置的主体。就斯宾塞而言,他基于"为未来完满生活做准备"的教育宗旨,设计了包括准备直接自我保全、准备间接自我保全、准备作父母、准备作公民、准备生活中各项文化活动在内的五位一体的以科学知识为内核的学科课程体系,"开创了启示录式的课程设置依据"[1]。但遗憾的是,斯宾塞虽曾主张"把教育看作自我教育的过程"[2],但由于他所推崇的科学知识远非普通教师和学生能够发现或创造的,因而教师与学生依然被排除在课程设置的主体之外。到了20世纪,随着科学化课程开发运动的兴起,探寻课程开发的科学方法的思潮愈演愈烈,最终诞生出经典性科学化课程开发原理——"泰勒原理"。在《课程与教学的基本原理》一书中,拉尔夫·泰勒详实地阐释了确定目标、选择经验、组织经验、评价结果每一个环节的原则和步骤,构建了一套简便易行的科学化课程开发模式。相较于20世纪之前的诸多"防教师"与"防学生"的课程设置理论,"泰勒原理"有着明显的进步,主要表现在泰勒将教师纳为研究学生经验进而研制课程目标的主体。然而,值得注意的是,泰勒依然将学生排除在课程设置之外。众所周知,泰勒极为重视课程目标,认为目标是课程的灵魂,目标的选择不仅是课程开发的出发点,而且还是落脚点。"就如泰勒所言,'说到底,目标是一个选择的问题',这是教师、管理者和项目开发者——'对学校负责的人'——的选择,而非学生的选择。"[3]当学生被排除在外时,课程对学生而言就成了一种没有生机的僵化物,很难让他们获得鲜活的意义。

---

[1] 郝德永.课程研制方法论[M].北京:教育科学出版社,2000:112.
[2] [英]赫·斯宾塞.斯宾塞教育论著选[M].胡毅等译,北京:人民教育出版社,1997:130.
[3] [美]小威廉·E.多尔.后现代与复杂性教育学[M].张光陆等译,北京:北京师范大学出版社,2016:53.

综上所述,对传统课程体系而言,在客观主义知识观和精英主义设计观的规约下,课程是少数学校外部人士的自留地,学校内部的师生则仿佛农耕机——少数学校外部人士先把知识创造出来,把课程编制出来,并形成了一套有关内容和方法的权威指令,而后传达给学校,要求普通的教师和学生来照章执行。这种主客二分的内容知识观和自上而下的线性行为观恰恰反映了简单性课程结构思维。"现有的课程设计以分裂、孤立和原子化为基础——而不是基于经验的流动。学科、课表、年级、上课计划甚至教学策略都以粒子的形式出现。"[1]在此情形下,从课程要素成分选择到课程组织编排的整个过程中,学校外部人士牢牢地控制住了课程的话语权。须明确的是,当教师和学生自觉或不自觉地聆听吸收这些话语时,他们就为话语所规训,因为"话语的制造是受到一定程序的选择、控制、组织的,这些程序的目的在于消除话语的危险,控制突发事件的发生。也就是说,话语从生成开始就已经是不自由的"[2]。当课程话语的自由性被无视、课程生态的情境性被割裂、课程主体的能动性被剥夺,课程系统的运行自然就日益变得僵化起来,最终成为了他组织的系统。"所谓他组织系统即指这样的系统:它不能自行组织、自行创生、自行演化,不能够自主地从无序走向有序,而只能依靠外界的特定指令来推动组织和向有序的演化,从而被动地从无序走向有序。"[3]课程原本应为教师、学生、内容与环境构成的交互系统;但如前所述,在传统课程系统中,教师和学生被剥夺了交互参与的权利,内容被限定为客观知识,环境被搁置一旁,课程成了制度性的正式课程,能够从根本上决定其运行的也就只有外部因素了。

---

[1] [美]小威廉姆·E.多尔.后现代课程观[M].王红宇译,北京:教育科学出版社,2000:95.

[2] [法]福柯.权力与话语[M].陈怡含编译,武汉:华中科技大学出版社,2017:33-34.

[3] 吴彤.自组织方法论研究[M].北京:清华大学出版社,2001:3.

（二）自组织课程结构的生成

显而易见，自传课程即是自组织。"名词意义的'自组织'是通过事物自己的自发、自主的走向组织的一种结果；动词意义的'自组织'是通过事物自己的自发、自主的走向组织的一种过程。"[①] 从名词意义的结果来看，自传课程理论家主张对学校公共的正式课程进行个体性转化，将制度性文本转化为自传性文本，将学科知识与个人生活履历相关联，进而转化为每一个具体个体的存在体验。简要地说，自传课程即存在体验，自传课程即人本主义的经验课程。"推崇经验课程的人们是持有自组织信念的，因为他们相信儿童天生就是学习者，于是他们努力创设自由、对话的学习环境（系统开放），让儿童处于冲突、干扰的问题情境（远离平衡态）中，让儿童在他们自己能力范围内去解决问题（非线性）。"[②] 从动词意义的过程来看，自传课程是作为课程主体的学生在教师的引导下，通过自我反思、自我理解、自我建构而来——套用课程开发范式的表达来说，自传课程的课程开发主体是学生本人。自传课程理论家相信学生自我的内在力量，他们倡导的"回溯—前瞻—分析—综合"式自传方法，即是复苏学生沉睡的主体意识，让学生自己追寻教育之于个人的真实意义而不假手于人。"自组织隐含着对人的内在力量的信念，相信每个人身上都存在着一种重要的为其发展提供目的和指向的力量。它们与机遇（情况）相互作用，为生命体的成长、发展开拓新的、开放的途径。"[③] 如前所述，自传课程理论家秉持主体课程观，强调通过课程发展人的主体性，通过课程促进人的主体解放，其方式是倡导人自身的反思行动。如派纳所说：只有当人自主恢复过往失去的主体性，并在这个恢复

---

① 吴彤.自组织方法论研究[M].北京：清华大学出版社，2001：7.
② 王秀萍.自组织与他组织框架下的课程组织沿革[J].教育理论与实践，2009(10)：42.
③ 汪霞.耗散结构理论与后现代课程范式[J].全球教育展望，2002(7)：65.

的过程中始终坚持自我,他才有可能真正成长为主体。[1]并且,自传课程的建构过程是一个持续的过程,亦即个体需要持续地自我反思、自我理解、自我建构,因为课程已与个体生活融为一体,课程即自我的生活履历,所以,自传课程是进行时的、发展中的课程,而非像学科本位课程那样是完成时的、确定型的课程。正如派纳所说:只要生命不息,自传的工作永不会完成,自传的任务即是持续地返回到由客体、文本、教师而来的直接经验上反思省察。[2]

自传课程的自组织形态较之于学科本位课程的他组织形态无疑是一种超越,然而,须注意的是,从他组织向自组织的转向并非自然而然的,而是依赖于一定的条件。哈肯认为自组织的产生动力源于系统内部各要素之间的相互竞争与协同。"换言之,自组织系统演化的动力来自系统内部的两种相互作用:竞争和协同。子系统的竞争使系统趋于非平衡,而这正是系统自组织的首要条件,子系统之间的协同则在非平衡条件下使子系统中的某些运动趋势联合起来并加以放大,从而使之占据优势地位,支配系统整体的演化。"[3]就课程领域而言,学科课程的构成要素是客观知识,反映着客观事实乃至客观真理,无论是教师的讲解,还是学生的理解,最终都导向了确定无疑的定论,并且这种所谓的客观定论遮蔽了师生的本体差异,因而,学科本位课程是极其稳定的他组织。与之相对,自传课程着重生命个体的存在体验,每一个体都是独一无二的,因此即便他们基于同样的学科课程来展开自传式转化,每个人建构的存在体验课程都各不相同,在自由交流的过程中便形成了多元碰撞的"复杂的会话",这即是一

---

[1] William F. Pinar. Autobiography, Politics and Sexuality. [M]. New York: Peter Lang Publishing, 1994: 41.

[2] William F. Pinar. Autobiography, Politics and Sexuality. [M]. New York: Peter Lang Publishing, 1994: 45-46.

[3] 吴彤. 自组织方法论研究[M]. 北京:清华大学出版社,2001: 49.

第四章 自传课程的研究转向

种内部的竞争。"竞争是系统演化的最活跃的动力。这是因为,系统内部诸要素或系统之间的竞争是永存的,它虽然依条件不同可大可小,或强或弱,但由于运动的永恒,系统内部各个子系统之间的差异就是永恒的,因而它的存在和演化也是永恒的。换句话说,只要事物内部或事物之间存在差异,就会存在事物内部的各个子系统的或事物之间的竞争。"① 由于个体的生活履历不一样,存在体验也不一样,所以,整个自传课程体系之间存在着常态化的差异,这恰恰是保证课程自行组织、自行创生、自行演化的动力基础。同时,自传课程作为一种复杂的会话,多元主体在彼此的互相倾听与反思中,也渐渐形成了可供商谈的共同理解,这即是一种内部的协同。"所谓协同,按照哈肯的观点,就是系统中诸多子系统的相互协调的、合作的或同步的联合作用,集体行为。协同是系统整体性、相关性的内在表现。"② 凭借着交往对话,多元主体构建了课程共同体,通过联合行动突破了外在的桎梏,以期最终实现每一个人的解放。

"自组织是开放的概念。未来从现在(和过去)之中演变而来,依赖于已经发生与正在继续发生的交互作用。"③ 自传课程同样是开放性系统,它将每个活生生的个体纳为具体的课程主体,伴随着生命个体反思意识的自由流动,存在体验也在自由流动,由此课程的内部要素不像学科课程那样是结构化的。同时,个体超越了封闭、传统的学校课程领域,通过自由联想,将个人的生活史和社会情境带进课程,由此建构了个人与社会联系一体的开放课程。自传课程理论家倡导通过"回溯—前瞻—分析—综合"将过往、现在与未来关联到一起来重建自我,通过多元主体进行复杂会话的交互作用来突破静态

---

① 吴彤. 自组织方法论研究[M]. 北京:清华大学出版社,2001:48.
② 吴彤. 自组织方法论研究[M]. 北京:清华大学出版社,2001:49.
③ [美]小威廉姆·E. 多尔. 后现代课程观[M]. 王红宇译,北京:教育科学出版社,2000:101.

文本,这与上述的自组织的开放内涵不谋而合。可以说,自传课程顺应了当代课程从封闭性系统走向开放性系统、从他组织走向自组织的发展趋势。此外,须注意的是,"从他组织框架走向自组织框架是一种认识论的改变"①。如前所述,学科本位课程的认识论基础是导致主体与客体分割、价值与事实对立的理性主义客观认识论,而自传课程的认识论基础则是主张主体与客体相统一、价值与事实相统一的非理性主义个人认识论。在认识论的转变过程中,人的地位、角色也发生了转变,从客观知识的承受者向自我知识的建构者转变,进入课程领域,无论是教师个体,还是学生个体,抑或师生之间,他们的角色也都随之发生了转变。对此,也需要用一种转变的观点来看待课程,意识到"一切课程,包括儿童全部的活动是可以变的,并不是按几位教师的想法而拟定的,并且是多方面的,不是专一的,不是专门注意某部分,而使其他各部分向隅的"②。这意味着需要推动课程从预成走向生成,从单一走向多元,从封闭走向开放,从线性走向非线性,从简单性思维走向复杂性思维。由此,"课程将不再被看作一种凝固的、先验的跑道,而是个人转变的轨道"③,而这正是自传课程的追求。

---

① 王秀萍.自组织与他组织框架下的课程组织沿革[J].教育理论与实践,2009(10):42.
② 陈鹤琴.陈鹤琴全集(第二卷)[M].南京:江苏教育出版社,1989:41.
③ [美]威廉·F.派纳等.理解课程(上)[M].张华等译,北京:教育科学出版社,2003:519.

第五章 自传课程的价值启示

自传课程以解放旨趣作为其价值追求,致力于生命个体的自我实现。它充盈着浓郁的关怀伦理,认为人与人的"对话性相遇"也是一种"关怀性相遇",倡导建构关心型课程,希冀主体在交互理解中反思存在体验、建构自我知识和体悟生命意义。[①]在"人机共存"的21世纪,人的生命体认、人的发展目标、人与人的关系、人与机器的关系都在发生转变。时代和社会的变革呼唤着新的课程观。以人为本的自传课程系列主张对思考如何在现有基础上构建21世纪的课程观,如何深化课程实践的变革以探寻润泽生命的教学有着重要的启示意义。

一、课程理论的发展启示:走向解放的人本课程论

(一) 自传课程的理论品格

总的来说,自传课程理论秉持人本价值取向,主张课程的出发点、展开过程及目的都以"人"为本——并非抽象的"人",而是每一个具体存在的"人"。首先,从课程的出发点来看,无论是从事课程研究,还是开展课程活动,自传课程理论家都主张应从"人"的自身出发。从1918年课程成为独立的研究领域到20世纪70年代初期,课

---

① 冯加渔.儿童自传课程论[M].济南:山东教育出版社,2018:91.

程研究领域的主导思潮是基于技术旨趣的传统课程理论流派,代表人物有约翰·富兰克林·博比特(John Franklin Bobbitt, 1876—1956)、W. W. 查特斯(Werrett Wallace Charters, 1875—1952)、拉尔夫·泰勒、H. 塔巴(Hilda Taba, 1902—1967)等人,其中尤以泰勒为集大成者。他们依据自然科学的研究规范,秉持价值中立的研究立场,遵循科学实证的方法论,主要研究课程开发的技术问题,目的在于为学校课程设置提供简捷高效的最优方案,由此,课程研究表现为客观取向的科学化研究。这种取向的课程研究兴起于学校行政管理的需要,追求行为结果的有效性,带有浓重的管理主义与效率主义色彩。对此,派纳以最具代表性的泰勒的课程研究为标靶,展开了激烈的学术批判。他指出,泰勒的研究具有"反理论"和"反历史"的特征,强调预设行为目标的优先性,导致课程研究完全沦为一项技术性工作,忽略了更为根本的价值性问题,如他所说:在客观取向的科学化研究影响下,"显然,课程理论家或设计师并没有澄清课程的价值问题"[1]。概而言之,泰勒的研究对象是宏观层面的学校课程,关注的是课程目标、内容、组织、评价等具体课程工作事务"如何"的原则与技术,而忽略了更进一步、更深层次的"为何"问题,最终导致课程研究"见物不见人"。与之相对,派纳指出,课程研究的出发点是"人"。以现象学和存在主义哲学为理论基础,派纳特别强调人的自我的先导性。"人是意义的诠释者和创造者,其意识作用的主动性是意义产生的泉源,同时也具有对外在环境的超越性,因此所有的活动应从'自我'意识的反省开始。"[2]众所周知,每一个人都是独一无二的,每一个人的"自我"和"自我意识"也是独一无二的,所以,派纳主张的"从'自我'意识的反省开始"的课程是指向每一个人的独一无

---

[1] Bradley J. Macdonald, William F. Pinar. Curriculum and Human Interests [J]. Counterpoints, 1995(22): 101.
[2] 陈伯璋. 潜在课程研究[M]. 台北: 五南图书出版公司, 1985: 164.

第五章　自传课程的价值启示

二的课程,是个体化的课程。这种个体化的课程是通过对课程的概念重建实现的。"课程被重建为一个动词,即'存在体验课程'(currere),突出了个体概念(the concept of the individual)在课程研究中的优先性。"①在课程研究的主题方面,自传课程也聚焦于个体的自我存在体验,而非公共层面的学校课程开发。派纳曾特别比较了自传课程聚焦的研究问题与泰勒聚焦的课程研究问题的差异。泰勒聚焦的课程研究问题——"学校应当试图达到什么教育目标?提供何种教育经验最有可能达到这些目标?怎样有效组织这些教育经验?我们如何确定这些目标正在得以实现"②——构成了普适性的"泰勒原理",这些问题询问的对象是学校,其回答更多是指向程序性的方法技术。自传课程聚焦的研究问题询问的对象是个体自我。"自传课程的问题不同于'泰勒原理'式的;它们是类似于这样的一些问题:为什么我认同达洛维夫人(Mrs. Dalloway)而不是布朗夫人(Mrs. Brown)?……为什么我要阅读莱辛(Doris Lessing, 1919—2013)的著作而不是默多克(Rupert Murdoch, 1931—)的著作?我又是为了什么而阅读这些书的?为什么不是读生物学或生态学的书呢?……哪些老师吸引了我?并且,对于我和对他们而言,这种'吸引'意味着什么?它的实质是什么?理智的、情感的,还是性别的?我为什么会成为一名老师?我的动机是什么?我对教学和研究倍感兴趣的实质是什么?它们与我的精神生活有什么联系?"③显然,这些问题的回答更多指向人本性的自我反思。因此,更进一步说,自传课程研究是作为主体的人的自我研究。

---

① William F. Pinar. Educational Experience as Lived: Knowledge, History, Alterity[M]. New York: Routledge, 2015: 111.
② R. W. Tyler. Basic Principles of Curriculum and Instruction [M]. Chicago: The University of Chicago Press, 1949: 1.
③ William F. Pinar. Curriculum Theorizing: The Reconceptualists [M]. Berkeley: McCutchan Publishing Corporation, 1975: 401-402.

其次,就课程的展开过程而言,自传课程也是坚持以人为本,尤为强调作为课程主体的学生和教师的主体参与作用。基于技术旨趣的传统课程理论流派秉持"跑道式课程观"(curriculum as course),认为"课程即学科""课程即目标""课程即计划",课程专家因能够探知客观规范而掌握了课程开发的话语权,教师和学生则是专家预设成型课程的落实者,显然,这种课程是典型的"防教师"与"防学生"的课程,"侧重于如何使学习者再现已有的知识、现存的现象,而不是关注学习者如何体验和诠释知识和经验以丰富其生活世界的意义"[①]。与之相对,自传课程强调的是活动中的存在体验课程而非静态的预设成型的课程,致力于将预设成型的静态内容转化为个体的存在体验。人本性的自我反思是自传课程的起点。"最重要的是,我们必须考虑'以人为中心'来全面地为学习者提供有益于其生命意义开展的经验,这种课程除了知识要透过'生活经验'为学生所吸收之外,更重要的是情感和意志的学习必须在良好的人际关系中逐渐发展。"[②]须注意的是,自传课程理论家认为"为学习者提供有益于其生命意义开展的经验"并非像泰勒预设的那样由课程专家及其代言人教师单方面来决定,而是主张"有益于其生命意义开展的经验"必须由教师和学生通过对话的方式来生成。派纳明确说道:"课程即复杂的会话。……课程是一种通过师生之间的交往,确切的说是通过存在着的多元个体在一定空间、一定时间的交往旨在达成理解的会话,是一种个人的和公共的会话。"[③]换言之,存在体验课程并非唯我论的,而是社会性的,既尊重每一个体存在体验的独特性,更注重不同个体之间的多元互动对话交往。并且,这种交往充盈着浓郁的人文精

[①] 汪霞. 课程研究:现代与后现代[M]. 上海:上海科技教育出版社,2005:46.
[②] 陈伯璋. 潜在课程研究[M]. 台北:五南图书出版公司,1985:168.
[③] William F. Pinar. Educational Experience as Lived: Knowledge, History, Alterity[M]. New York: Routledge, 2015:110.

第五章 自传课程的价值启示

神,直指每一个体内在的精神世界,通过个人的自我对话增进自我理解从而悦纳自我,通过公共对话来增进彼此的理解从而协同共生。

此外,在课程的目的方面,自传课程以人的自我解放为旨归。基于技术旨趣的传统课程理论流派也主张以人的发展为目标,然而,由于秉持静态的、"防学生"的"跑道式课程观",导致学生与课程的分离,在客观知识的规约下,以课程知识学习为任务的学生成为仿佛填充客观知识的器皿,并在统一的普适性程序作用下沦为标准产品。对此,派纳批判性地指出:"在这种非人性化的教育模式的影响下,不论一个人的先天智商多么高,他是多么足智多谋,他的本性是多么善良,事实上,他的这些与生俱来的素质将不可避免地慢慢退化。结果在这种模式下,造就出一个单向度的人,一个道德沦丧的人,这种结果是非人性化的。"①自传课程是对课程的概念重建,突破了"跑道式课程观"的单一性、封闭性,承认多元主体课程体验的价值,构建了动态开放的课程形态,不再以客观知识的确定性来抑制乃至否定个人理解的意义性,尊重个体自我的多样性以及个体发展的多种可能性。正如美国课程学家威廉姆·舒伯特(William H. Schubert,1944—)所评述的:"概念重建的目的是促使个体从毫无必要的惯例、意识形态和心理单一性的束缚中获得解放。它旨在通过相互的概念重建过程而探讨其他意义领域,展望各种可能性,从而为自我、他者和世界的发展形成新的方向。"②可以说,通过课程获得解放,是自传课程的

---

① William F. Pinar. Curriculum Studies:The Reconceptualization [M]. New York: Educator's International Press, 2014:359.

派纳此处显然受到了弗莱雷解放教育学思想的影响。弗莱雷在《被压迫者教育学》一书的开篇提到:"从价值论的观点来看,人性化问题一直是人类的中心问题,现在它更是具有难逃世人关注的性质。关注人性化,马上又使人想起非人性化。非人性化不仅在本体论上是可能的,而且是历史现实。"(参见[巴] 保罗·弗莱雷. 被压迫者教育学[M]. 顾建清等译,上海:华东师范大学出版社,2007:3.)

② William H. Schubert. Curriculum: Perspective, Paradigm, and Possibility [M]. New York: Macmillan, 1986:33.

主旨所在。派纳明确指出自传课程不是技术旨趣,也不是实践旨趣,而是解放旨趣。值得注意的是,自传课程理论家主张,个体的解放不能假手于人,而需要反求诸己。派纳吸收了弗莱雷解放教育学的思想,指出人的解放是自我的解放,需要从通过反思激活自我意识、促进自我觉醒开始。自传课程尤为强调个体的自传反思,"通过对个体'生活经验'的诠释,提升人的自我意识,把个体从现实中、无意识中、他人的对象化中解放出来,恢复'人的真谛'"①。同时,派纳也像弗莱雷那样特别强调,自我的解放并非靠单打独斗,而是一个互动的过程,"正确的方法在于对话"②。因此,派纳多次强调自传课程不是感伤主义的自我陶醉,而是多元主体互动参与的复杂会话,如他所说:"存在体验课程通过会话而发生,不仅包含着课堂话语,还包含着具体的学生和教师之间的对话,以及个人独处时的自我对话。"③综上所述,自传课程通过自我反思和复杂会话促进自我解放,是致力于复归人的主体性的"人性化"课程。

(二) 当代课程理论的人本走向

进入21世纪,人类社会发生了划时代的变革。日新月异的科技不仅改变了社会的文化交往,也逐渐改变了人们的生存方式。人们切身体验到了网络、信息流、大数据、人工智能等新科技带来的便捷,但也面临着自身被海量信息数据吞没乃至虚化为信息数据的存在危机。"21世纪的新科技可能会彻底扭转人文主义革命,让人类交出权威,送到非人类的算法中。"④在学校教育与时俱进的背景下,如何

---

① 汪霞.课程研究:现代与后现代[M].上海:上海科技教育出版社,2005:63-64.
② [巴]保罗·弗莱雷.被压迫者教育学[M].顾建清等译.上海:华东师范大学出版社,2007:28.
③ William F. Pinar. Educational Experience as Lived: Knowledge, History, Alterity[M]. New York: Routledge,2015:110.
④ [以]尤瓦尔·赫拉利.未来简史[M].林俊宏译.北京:中信出版集团,2018:310.

第五章 自传课程的价值启示

避免人沦为信息数据算法的附庸从而导致自身主体性的消亡,如何引领人保持人之为人的特质并能与时俱进、全面发展,是教育工作者亟待思考的问题。课程是教育的核心要素,课程创新是教育变革的重要助推器。就课程理论创新而言,发展中的课程理论无疑需要处理好课程系统内外部要素之间的关系,在回应外部时代和社会发展新要求的同时,也要立足于课程的本原。"人,作为自由的同义词,将成为课程唯一可能的中心。"①尽管自传课程理论诞生于20世纪下半叶,但由于其对人本的弘扬和对主体性的尊重,依然能够为现时代的课程理论发展提供有益启示。

一方面,发展中的课程理论尤为需要关注具体存在的人。毋庸置疑,信息技术的迅猛发展会极大推动学校课程以及教育工作者课程观念的变革,信息技术也会在课程中占据越来越重要的地位。时至今日,以解说如何有效传授文化遗产这一核心问题为主旨的面向过去的传统课程理论,因难以回应"电脑"比"人脑"能更高效地存储文化遗产这一现实挑战而渐渐不合时宜,需要突破,需要观照未来信息技术对学生学习的影响。然而,随着人工智能的发展,信息技术逐渐有摆脱客体而向主体演变的趋向,比如智慧教室终端借助人工智能大数据算法对学生的面部表情、肢体行为等进行实时捕捉和分析,并将判定的异常结果同步发给相关学生使用的设备屏幕,督促学生以合规的方式参与课堂学习。"当人工智能越来越像'人',逐步具备人的智商与情商,甚至被授予'公民'身份,当克隆人、基因编辑人走在破茧而出的十字路口,过去人之为人的特质与根基动摇了……"②对此,有学者指出,信息技术的泛滥会导致以人为中心向以数据为中心、人本主义

---

① [美] 杜普伊斯. 历史视野中的西方教育哲学[M]. 彭正梅等译,北京:北京师范大学出版社,2008:204.
② 李政涛. 教育与永恒[M]. 上海:华东师范大学出版社,2019:191-192.

向数据主义的转向。① 如果说客观主义规约下的传统课程理论有"只见知识不见人"的倾向,那么,数据主义规约下的课程理论则更易有"只见数据不见人"的风险。"教育正是借助于个人的存在将个体带入全体之中。"② 发展中的课程理论需要发展科技属性,更要坚持人本立场,特别是要关注具体存在的人,亦即阐述生命个体如何在信息技术的影响下进行本真的课程学习,进而实现人之为人的自我发展。换言之,发展中的课程理论要带有"高科技感",但仍要以具体存在的生命个体而非抽象的、虚拟的、数据化的人为研究的出发点和落脚点,唯此才能避免人的异化。在此,自传课程理论能够为新世纪的课程理论发展提供智源。自传课程理论主张课程是生命个体建构自我、建构主体性的过程,学校预先提供的公共课程需要转化,每一生命个体要将自己的生活史带入公共课程从而创造出个人独有的"传记情境"(biographical situation)。"传记情境"是著名现象学社会学家阿尔弗雷德·许茨提出的概念,意指个体自我的生命历程和个体所处的特定社会文化情境。③ 派纳借鉴许茨的现象学社会学理论分析视角,发现了学校课程中个人传记情境的缺位,如他所说:"我们学

---

① 尤瓦尔·赫拉利(Yuval Noah Harari, 1976—)在其著作《未来简史》中写道:"在21世纪,数据主义则可能从以人为中心走向以数据为中心,把人推到一边。"(参见尤瓦尔·赫拉利著《未来简史》2018版中译本第352页。)
② [德]卡尔·雅斯贝尔斯.什么是教育[M].邹进译,北京:三联书店,1991:54.
③ 在1953年发表的题为《常识与人类行动的科学解释》的论文中,许茨详细阐述了"传记情境"的意涵:"在其日常生活的任何一个时刻,人都会发现他自己处在某种被从生平角度决定的情境之中,也就是说,发现他自己处在某种同样由他自己限定的自然环境和社会文化环境之中,他在这种情境中拥有他自己的立场——这种立场不仅有他根据物理空间和外在时间确定的立场,或者根据他在社会系统之中所处的地位和所扮演的角色确定的立场,而且还包括他的道德立场和意识形态立场。说这种情境界定是被从生平角度决定的,也就是说它具有它的历史;它是一个人的所有以前经验的积淀,是通过他现有的知识储备所具有的习惯性所有物而得到组织的;它本身即是他唯一的所有物,是给予他并且仅仅给予他本人的。"(参见许茨著《社会实在问题》,浙江大学出版社2011年版第10页。)

第五章 自传课程的价值启示

会在与我们的传记情境或无关或不合逻辑地联系着的思想中生活。这个疏远的过程引发了大量的心理-社会问题,包括幻想生活的萎缩或过度膨胀,以及在模仿和情感缺乏中迷失了自我。"[1]自传课程理论对生命个体"传记情境"的强调,可以启发发展中的课程理论关注如何引领学生将个人的生活史带入普及的、冰冷的信息技术使用过程中,规避信息技术对人的生命和主体性的扭曲和戕害,使得每一个生命个体都能在信息技术时代的课程中寻获自我存在的意义。

另一方面,发展中的课程理论尤为需要关注个体的生活体验。如前所述,未来的信息时代可能遭遇从人文主义到数据主义的转向,"数据主义对人类的体验并没有什么恶意,只是并不认为体验在本质上有什么价值"[2]。在未来的信息时代,大数据算法有可能代替人自主的决定,"整个宇宙就是一个数据流,每个有机体不过是一套生化算法"[3]。在此情形下,教育不再是杜威意义上的生活,而成了算法程序驱动,为何学、学什么及如何学都由算法来确定,学生"只不过是未成熟而有待于成熟的人;是知识浅薄而有待于加深的人;他的经验狭窄而有待于扩大。他的本分是被动的容纳或接受。当他是驯良和服从的时候,他的职责便完成了"[4]。与此同时,学生个人的生活体验被认为是"混乱、模糊和不稳定"的消极因素,须被隔绝在课程范畴之外。无论课程是否契合学生个人的兴趣和需要,无论学生对其体认如何,他们都必须按算法的要求来学习既定课程。"缺乏生活意义的课程迫使学生在课程实施中戴着面具做痛苦表演,学生没有真实

---

[1] William F. Pinar. Autobiography, Politics and Sexuality [M]. New York: Peter Lang Publishing, 1994: 15-16.
[2] [以]尤瓦尔·赫拉利.未来简史[M].林俊宏译,北京:中信出版集团,2018: 350-351.
[3] [以]尤瓦尔·赫拉利.今日简史[M].林俊宏译,北京:中信出版集团,2018: 52.
[4] [美]约翰·杜威.学校与社会·明日之学校[M].赵祥麟等译,北京:人民教育出版社,2008: 114.

生活的愉悦体验,教材中充斥着单调、枯燥、乏味甚至无聊的刺激,没有喜怒哀乐,更没有生活的激情,丧失对可能生活的憧憬,缺乏整体性、现实性和理想性。"①在信息时代,知识与信息的界限越来越模糊而渐渐混同,信息爆炸的现实促使以知识授受为核心论题的传统课程理论必须发生转变,否则,人势必不堪海量知识习得的重负,随之导致工业时代"人是知识存储容器"的异象进一步演变为信息时代"人成为信息存储机器"的异象,从而加剧人的异化。在信息时代,发展中的课程理论无疑需要重新界说知识性质、知识学习方式、知识学习目的等相关问题,然而,还需要关注个体的生活体验,亦即关注具体存在的个人真实的主观情感。如果发展中的课程理论不能关注学生的所思所想和情感需要,则势必会导致人在信息技术宰制的课程世界浸润越久就越不能实现自身全面发展的目的。"要成为完整的人全在于自身的不懈努力和对自身的不断超越,并取决于日常生活的指向、生命的每一瞬间和来自灵魂的每一冲动。"②自传课程理论就正视了"日常生活的指向、生命的每一瞬间和来自灵魂的每一冲动"的课程论意义,尤为强调个体生活体验的价值,并致力于追寻个体生活体验的存在意义,这为发展中的课程理论提供了有益启示。在某种程度上,新时期的自传课程理论家回应了时代的变革挑战,重构了信息与知识的关系,特别指出:"知识是绝不会独立于人类之外而存在的。关于世界的信息和个人的经验相交之处便是整合的知识的发源地。换句话说,在以存在体验课程为基础的后形式环境下,只有与个人生活融为一体的信息才能称为知识。"③这就提醒当代课程理论家要重视生活体验,当发展中的课程理论将生活体验带入信息

---

① 郭元祥.课程设计与学生生活的重建[J].教育科学研究,2000(5):50.
② [德]卡尔·雅斯贝尔斯.什么是教育[M].邹进译,北京:三联书店,1991:1.
③ [美]威廉·派纳.课程:走向新的身份[M].陈时见等译,北京:教育科学出版社,2008:125.

时代的知识学习后,它就如同自传课程理论一样,赋予了知识鲜活的意义。将科技与人文相结合,有助于避免数据主义规约下的算法对人的宰制,以鲜活生活体验为基础的课程不再是学生"不可承受的生命之重",而是成为润泽学生个体生命成长的滋养。

二、课程实践的变革启示：追寻意义的人本教学

(一) 自传课程的实践品格

如前所述,自传课程理论并不是一种"纯理论",而是一种"实践中的理论"——从理论取径来推动课程实践的改革。总的来说,当自传课程理论付诸实践,作为课程实施基本途径和主要环节的教学将呈现出不同寻常的实践样态。派纳曾描述了自己之前上课的片段：

> 在一门面向初中生的英美文学课上,当我走进教室,首先,我倾听学生们的交谈。在那些众多的会话中,我听到一个学生在描述他认为无意义的他父母的生活。他们早上5:30起床,父亲赶乘7:15的火车到纽约,母亲为他准备早饭,之后叫醒孩子们准备上学。
>
> 在他描述的时候,其他的学生停下谈话并开始倾听他的讲述。当他叙述完他家典型的工作日的生活时,另一个学生发表了一个简短但是情节类似的回应。绝大多数学生参与了讨论,有些学生感叹于疲于应付的例行公事的成年生活,另一些人则表达了对他们父母选择这种生活的轻视。这时候,我打断了他们。我们一直在读梭罗的《瓦尔登湖》,我从中引用了一句："多数人过着安静、绝望的生活。"我问他们：现在,一百多年后,梭罗是否还可能合乎逻辑地作出这样的观察。绝大多数学生认为他还会。我想,通过联想,学生就会提出假设：一部好作品的标

准是否是它现在听上去和当年写作它的时候一样真实。讨论跟着发生了。当年早些时候我们读过的书也被提及了,或者是与这一假设相矛盾,或者是证明了假设。当下课铃声响起的时候,我们正在讨论促使梭罗作出这样令人忧虑的观察的那个时代美国的生活会是什么样子。①

以派纳的课程实践场景为例,可以看出基于自传课程理论的教学与传统课程理论主导的教学存在明显的差别。一方面,基于自传课程理论的教学尤为注重学生的主体参与,并且将学生的主体参与置于优先地位。如前所述,自传课程秉持人本价值取向,主张课程的出发点、展开过程及目的都以"人"为本。结合学校教育教学实际,这种以"人"为本即是以学生为本。"走进教室首先倾听学生们的交谈"是将学生作为课程的出发点的具体行动体现。在传统的课堂教学中,教师占据着绝对的主导地位,受限于管理制度,教学的启动、组织、推进与结束都由教师来决定,由此导致一些教师无意识地垄断了教学话语,课堂成为教师的"一言堂"。"人表现为有所言谈的存在者。"②当学生的言谈受制于教师的操控甚至被剥夺了话语权,学生自然算不上是生命的存在。弗莱雷就批判了"教师讲,学生听——温顺地听"的教学是死气沉沉的"恋死癖"教学。③当学生从静默不语者前置到畅所欲言者,教师从滔滔讲授者隐退为耐心倾听者,师生关系乃至教学意涵都发生了翻转。"学生讲,教师听——耐心地听"正是倾听教学论的表征之一,经由倾听特别是教师对学生的倾听,教学成

---

① [美]威廉·派纳.自传、政治与性别[M].陈雨亭等译,北京:教育科学出版社,2007:2-3.(译文基于英文原文有所调整。)
② [德]海德格尔.存在与时间[M].陈嘉映等译,北京:三联书店,1999:192.
③ [巴]保罗·弗莱雷.被压迫者教育学[M].顾建清等译,上海:华东师范大学出版社,2017:37.

为师生特别是学生敞开生命体验和理解生命意义的过程,因为"倾听既是人的理解本性的在场、呈现的过程,又是被倾听着的他人和事物的本质在场、呈现的过程"①。学生的言说与教师的倾听促使教学从技术的展开转变为人性的充盈。如课例所示,在具体过程中,派纳主要是通过与学生自由漫谈对话的方式来推进教学的,如他所说:"课堂时间是自由的,我致力于创造一种学生们感觉到可以自由表达他们'内部世界'的氛围。"②这种教学过程显然带有人本价值取向,人本主义心理学家卡尔·兰塞姆·罗杰斯(Carl Ransom Rogers,1902—1987)就曾用与学生自由漫谈对话的方式来开展"非指导性教学"。在自由漫谈对话中,学生从被动接受者变为积极参与者,教师则从权威传授者变为共生促进者,"'促进者'在教学中的作用不是指导而是帮助,他们把每一个学生都当作具有独特经验和情感的人,而不是等待接受某些知识的容器,与学生建立起一种真诚的、信任的相互关系"③。此外,如上述课例所示,派纳在教学过程中注意通过设问引导学生将过去的生活、现在的生活与未来的生活关联一体,"父母的生活""成年生活""一百多年后""当年早些时候"等议题即是明证。自传课程注重个体生活体验的连续性与整全性,派纳构建的"回溯—前瞻—分析—综合"式自传方法就采用了过去、未来、现在时间绵延的发展观。饶有意味的是,与罗杰斯倡导的"非指导性教学"只"强调学生'此时此刻'的情形,而不关心他过去的情感和经验"④截然不同,派纳主张教师要将学生的生活史带入教学,亦即将学生过往的生活体验与现有课程内容相结合,同时,还可以引导学生

---

① 张华.研究性教学论[M].上海:华东师范大学出版社,2010:130.
② William F. Pinar. Autobiography, Politics and Sexuality[M]. New York: Peter Lang Publishing, 1994:10.
③ 张华.课程与教学论[M].上海:上海教育出版社,2000:147.
④ 张华.课程与教学论[M].上海:上海教育出版社,2000:147.

将未来的生活展望与教学相关联。这也正是基于自传课程理论的教学的实践特色所在。当学生将各自的生活体验带入教学,他们事实上在进行着各自的主体参与。

另一方面,基于自传课程理论的教学注重意义的生成,特别是注重教学的情感意义。课堂教学始于教学设计,在谈及教学设计时,派纳说道:"通常,我走进课堂的时候并没有携带预先决定的教案。尽管我对将要讲的内容有一个总体的概念,但没有详细的设计草案。"[1]显然,这表明了派纳秉持创生的教学设计观。派纳认为教学是无法精确设计的,所以,教学设计并非教师主导的程序化工程技术预成设计,而是师生共同创造的开放性生成设计。在教学进程中,如上述课例所述,派纳并非从书本教材而是从学生自由会话开始的,随着会话的自然推进,教学也在缓缓推进,整个教学过程是一个充满了不确定性和情境性的创生过程,学生的实际收获超出了书本教材的内容范畴。派纳反思了自己的教学过程:"我以一种直接的方式与学生'在'一起;没有课业也没有权威迫使我们的交谈变得不直接;结果,我们常常进行认知的和情感的交流。课堂变得更加直接;我们往往会沉浸在那个时刻,我发现学生们往往会说出他们在那个时刻的思考和感情,他们诚实地、直接地对彼此和对我进行会话陈述。"[2]之所以出现情感的交流,正是源于自由的课堂氛围,学生在教师的鼓励和引领下,敞开原先封闭的心灵,复归人的本性。"人生直是一种情感,这是一种泛而伟大的情感真理。"[3]然而,在传统的课堂教学中,情感通常被忽视、被抑制,因为它被视为与习得最有价值的"科学

---

[1] William F. Pinar. Autobiography, Politics and Sexuality[M]. New York: Peter Lang Publishing, 1994: 1.
[2] [美]威廉·派纳.自传、政治与性别[M].陈雨亭等译,北京:教育科学出版社,2007: 3.(译文基于英文原文有所调整。)
[3] 李泽厚.人类学历史本体论[M].天津:天津社会科学院出版社,2008: 5.

知识"无关,甚至被视为是一种干扰,教师和学生更多表现为"教授科学知识——习得科学知识"的任务型角色。与之相对,人本取向的课堂教学尤为注重情感的浸润,人本教育家主张人本教育本身即是一种情感教育,情感的丰满是健全人格和完善人性的必要构成。正如派纳主张课程是一种复杂的会话,基于自传课程理论的教学即是一种复杂的会话——各个复杂生命个体敞开的心灵之间的平等会话,个人情感在彼此真诚的交流中得以升华,由此实现从客观理性到精神灵性的嬗变。尽管派纳注重通过自传的方法来发掘教学的情感意义,注重精神灵性的发展,但他绝非反智主义者,而是重新解释了教学的理智维度。派纳曾论及"真理"在教育教学中的重要性,但他重构了"真理"的内涵:"'真理'既不是一套静止的信仰,也不是一套教条,而是一种重要的、自我转变的存在状态。"[1]简言之,基于自传课程理论的教学致力于促进生命个体的自我理解、自我转变及至自我实现、自我解放。

(二) 走向有意义的人本教学

进入21世纪,短短二十年间,人类的生存方式和思维方式都发生了巨大的变化。针对教育教学赖以依存的现实基础发生转变,有学者探讨了人工智能时代背景下教学的存在必要性问题:"人类已有的知识体系、课程体系和教学体系都将面临重大挑战:只需让机器依据人的普遍需要与个性化需要,选择和编制最有价值的知识结构,然后通过技术传输的方式进入大脑即可,那么,我们还需要教学吗?"[2]答案毋庸置疑,在21世纪我们还需要教学——需要告别传统的教学,需要探寻革新的教学。

---

[1] William F. Pinar. Autobiography, Politics and Sexuality [M]. New York: Peter Lang Publishing, 1994: 73.
[2] 李政涛,罗艺.智能时代的生命进化及其教育[J].教育研究,2019(11):47.

著名哲学家李泽厚曾针对21世纪人的存在问题,提出了"历史终结日,教育开始时"的命题,如他所说:"教育学——研究人的全面成长和发展、形成和塑造的科学,可能成为未来社会的最主要的中心学科。"[①]显然,21世纪的教育学需要超越19世纪的赫尔巴特科学教育学和20世纪的凯洛夫教育学,需要回应本世纪人类最迫切、最关键的生存挑战与发展需求。无论是基于动物实验推导原理来开展的教学,还是基于机器迭代推导原理来开展的教学,都不是人的教学。人不是动物,人也不是机器,人就是人,人的教学只能以人为本。在21世纪,人的机器化或许将是最突出的问题。在21世纪之初,国内机器人科学研究专家、时任哈尔滨工业大学校长王树国教授就曾谈到:"我是研究机器人的,希望机器越来越像人,但作为校长,我担心把人培养得像机器!"[②]无独有偶,近年来,美国苹果公司首席执行官蒂姆·库克(Tim Cook, 1960—)多次在不同公开场合的演讲中指出:"我并不担心机器会像人一样思考,却担心人像机器一样思考。"[③]人与机器有诸多区别,但最明显的区别莫过于人会追寻意义,而机器只会解决问题。人当然也会解决问题,然而,若只从解决问题的角度来思考人的能力发展,"仅仅根据出色完成任务和发挥工具的作用来考量,会使人将自己发展为一个机器的危险激增。因为,相对于人,机器更能胜任这样的考量"[④]。有鉴于此,在21世纪,对以培养人为目标的教学来说,需要注重意义性,需要走向有意义的人本教学。

值得注意的是,此处提及的"有意义的教学"显然并非通常理解

[①] 李泽厚.人类学历史本体论[M].天津:天津社会科学院出版社,2008:13.
[②] 黄团元."机器像人"与"人像机器"[J].学习月刊,2006(11):55.
[③] 网易新闻.库克:我不担心机器像人,却担心人像机器[EB/OL]. https://3g.163.com/tech/article/D4NTQHG800097U7R.html.
[④] 曹永国.解决问题抑或追寻意义[J].华东师范大学学报(教育科学版),2013(1):7.

第五章 自传课程的价值启示

的认知维度的有意义。美国教育心理学家戴维·保罗·奥苏伯尔(David Paul Ausubel,1918—2008)区分了有意义的学习和无意义的学习(机械学习):"有意义的学习旨在习得新的意义,反过来说新的意义则是有意义的学习的结果。更确切地说,新的意义在学习者身上的出现,反映着有意义的学习过程的完成。……有意义的学习过程的实质在于符号表示的观念以非任意的方式和在实质上(不是字面上)同学习者已经知道的东西联系起来。所谓实质上和非任意的联系是指这些观念和学习者的认知结构中已有的特别有关的某一方面,如一个意象、一个已经有意义的符号、一个概念或一个命题相联系着。"①显然,这是从知识获得的角度来界定"有意义",正因为如此,奥苏伯尔也将符合条件的接受学习认为是"有意义"的。然而,就学生的实际体验角度来看,知识习得只是构成"有意义"的充分条件,而非唯一条件。笔者在第二章列举了学生在接受学习状态下的种种负面体验,即便学生最终掌握了新知识,但当他们对接受学习并不认同时,这种学习对学生来说仍是毫无意义的。因此,综合来看,"有意义的教学"不仅是指学生有效习得知识,更是指学生形成积极的存在体验。

具体言之,走向有意义的人本教学需要将人的生活和生命带入教学。机器或许能记录和预测人的生活,但没有像人一样的切身生活体验。将人的生活带入教学,并非只是从形式上来区别人与机器,更重要的是人的生活本身即具有教育性意义。"任何时候,只要教学与生活分离、割裂,它就必然丧失意义、走向异化。"②自传课程即关于生活的课程,自传课程理论家主张课程即生活体验。在基于自传课程理论的教学过程中,正如前文举例的派纳上课的片段所示,教师

---

① [美]奥苏伯尔.教育心理学:认知观点[M].余星南等译,北京:人民教育出版社,1994:45-46.
② 张华.研究性教学论[M].上海:华东师范大学出版社.2010:2.

往往引导学生将各自的生活史与教学内容相关联,同时还会审思现在的生活及展望未来的生活;教师还会将自己的生活史带入教学,向学生敞开自己的生活世界,由此展开师生之间的对话。可以说,只有将教学建立在生活基础之上,并将教学转化为生活,让师生在教学中畅享生活、创造生活,教学才是有意义的。"寻求意义让教师去问寻自己的教育行为对学生意味着什么,对自己意味着什么;去问寻学生的行为对自己意味着什么,对于他们又意味着什么。这样的问寻迫使他/她对自己行为的考虑需要更加全面、更加慎重,使自己的教育教学行为呈现出更多的意义。"①此外,还需要将生命带入教学,以尊重生命为原点,以润泽生命并成全生命为旨归,尊重并肯定各生命个体独特的禀赋、兴趣和性格等,鼓励并促进各生命个体通过亲身参与来实现自身的全面发展,唯此,才能摆脱教学"目中无人"的异化困境和"人是机器"的生存危机。②就自传课程理论而言,派纳提出"将课程理解为自传文本",而根据德国生命哲学家狄尔泰的主张,"一个人对自己的生命加以把握和解释的过程,是在一个由各个阶段组成的漫长的系列之中发生的;自传就是这种把握和解释的最完满的表现"③。自传课程是一种"属人的"课程,与抽象的、没有存在者的"非人化"课程相对,认为课程只有在个人的生命里才有意义,只有在际遇它的人的生命里才有生命。④显然,自传课程理论彰显了生命的价值,通过对"跑道式课程观"的概念重建,实现了课程的重心由"物"(学科、计划等)向"人"本身的复归。因此,走向有意义的人本教学可以从自传课程理论中汲取思想启示,为师生特别是学生创造有意义的人生而努力。

---

① 曹永国.解决问题抑或追寻意义[J].华东师范大学学报(教育科学版),2013(1):8.
② 冯加渔.培养人:教育目的的时代澄明[J].江苏教育研究,2013(1):5.
③ [德]威廉·狄尔泰.历史中的意义[M].艾彦译,南京:译林出版社,2011:59.
④ 冯加渔.儿童自传课程论[M].济南:山东教育出版社,2018:120.

第五章 自传课程的价值启示

三、未竟的反思

自传课程理论及实践虽能给21世纪的课程理论发展及课堂教学变革带来有益的价值启示,但并非就是唯一的终极发展方向,其自身也尚存在有待完善之处。从理论发展来看,自传课程理论综合了存在主义与人本主义的人性论,尊重并发展人的主体性,甚至将课程的本质界定为"主体/主体性",但由于人的主体性自身也会伴随着时代和社会的发展而发展,因此它如何回应21世纪人的主体性发展问题值得进一步深入研究。比如,有研究者提出了21世纪"电子人教育"议题:"电子人成了批判性思考人类、技术、社会和自然关系的一条新途径,就为教育带来了诸多尖锐的挑战:对儿童主体性、课程、教育技术、技术教育、师生关系的挑战,等等。今日的学校教育已经无法选择其所处的技术文化环境——电子人社会(cyborg society),也无法忽视或拒绝电子人教育了。"[①]如果"电子人"确实是科技时代人的发展趋向,那么,自传课程理论显然需要对此有所观照,需要进一步研究"电子人的主体性"。又如,还有研究者提出21世纪可能出现"智能主体"与"人类主体"并存于世的境况:"在人工智能日益强大导致人类的唯一主体性地位动摇的过程中,机器随着自主深度学习能力的提升,逐渐脱离人类智能的控制,最终也可能因为具有自我意识,拥有主体性,成为'智能主体',与'人类主体'平起平坐……随着人工智能'主体性'的提升,世界上或许存在两种审视世界和人的生命的眼光,一是人类之眼,二是人工智能之眼。"[②]派纳等人在建构

[①] 钱旭鸯.电子人教育的挑战[D].上海:华东师范大学博士学位论文,2012:1.
[②] 李政涛,罗艺.智能时代的生命进化及其教育[J].教育研究,2019(11):45.
钱旭鸯博士在其博士学位论文《电子人教育的挑战》中也提到"电子之眼"的议题。

自传课程理论之时主要是用"人类之眼"审视世界和人的生命,毕竟他们当时身处的时代和社会并不像今天这样是"人机共存的新纪元"。如果"智能主体"与"人类主体"并存于世的趋势不可逆转,自传课程理论家主张的"课程的本质是主体/主体性"这一经典论断还需要重建以回应"智能主体/智能'主体性'"带来的挑战,还需要思考如何通过"人工智能之眼"审视世界和人的生命。

从实践变革来看,自传课程研究者倡导师生应用自传反思的方法来开展教学,即师生将自己过往的生活史、现在的生活感悟和未来的生活前瞻带入教学,这固然能赋予教学鲜活的意义,但不得不承认的是,在人的主体性已受重重束缚的情形下,未必所有的师生都愿意积极主动地敞开心扉向"陌生人"袒露心声——若强制叙述个体存在体验,则违背了自传课程的初衷;若任其自愿,通过教师的自我觉醒而后引领学生的自我觉醒,则无疑需要长时间的投入。有研究者指出了基于自传课程理论的教学面临的实践困境:"'对于那些被要求去重建经验叙述的老师来说,他们会表现出各种各样的掩饰行为',而'学生们经常都不愿意向那些与他们的关系不是最好的教师表露出个体经历的细节'。"[①]对此,面向21世纪的课堂教学变革如何让具有丰富虚拟空间生活体验的人主动显露真实,无疑是需要加以思考的问题。

"未来教育最重要的,也许就是恢复人自我的认知。"[②]这是美国苹果公司首席执行官库克为规避21世纪"人像机器"的生存危机而提出的教育变革之道。无论是否认同"恢复人自我的认知"这一策略,都不得不承认"认识你自己"这一关于人的自我认识问题在21世纪这个"人机共存的新纪元"变得越发重要。历史学家尤瓦尔·赫拉

---

① 汪霞.课程研究:现代与后现代[M].上海:上海科技教育出版社,2005:91.
② 社会科学报.未来教育要唤醒人对知识的主体意[EB/OL]. http://www.shekebao.cn/shekebao/n440/n441/u6008.html.

第五章 自传课程的价值启示

利在分析了从智人到智能的人类发展史后,指出"认识你自己"是破除"数据主义"、破除数据算法凌驾于人之上的技术异化的不二法门:"不远的未来,算法就可能为这一切发展画下句号,人类将再也无法观察到真正的自己,而是有算法为人类决定我们是谁,该知道关于自己的哪些事。在未来几年或几十年内,我们还有选择。只要努力,我们还是能了解真正的自己是什么模样。但如果真要把握这个机会,最好从现在开始。"[①]对教育而言,指引学生——未来的人——"认识你自己"势在必行。这意味着,当前的教育需要系统变革,从书本教育走向人本教育,其中最主要的路径在于教师课程教学理念与实践的变革。教师必须深刻意识到"自我"之于学生的重大意义,并通过切实行动引领学生认识自我,"有机会让他们去真正地回应、发现他们自己的声音和他们自己的言说方式"[②];而让学生发出自己的声音、用自己的声音言说,让学生在自我言说的自传叙事中建构一个创造着的和具身体验着的自我,正是自传课程理论的主旨所在。[③]

---

① [以]尤瓦尔·赫拉利. 今日简史[M]. 林俊宏译,北京:中信出版集团,2018:309.
② [荷]格特·比斯塔. 超越人本主义教育与他者共存[M]. 杨超等译,北京:北京师范大学出版社,2020:70.
③ William F. Pinar. Autobiography, Politics and Sexuality[M]. New York:Peter Lang Publishing, 1994:220.
　　派纳在此写道:"自传即是自我的建构,伴随我们在阅读、写作、说话与倾听之时建构一个创造着的和与具身体验着的自我。"

参 考 文 献

中文文献

1. A. H. 马斯洛. 存在心理学探索[M]. 李文湉译, 昆明: 云南人民出版社, 1987.
2. Carolyn M. Evertson, Edmund T. Emmer. 透视小学生课堂行为[M]. 赵琴译, 北京: 中国轻工业出版社, 2016.
3. D. 简·克兰迪宁, F. 迈克尔·康纳利. 叙事探究: 质的研究中的经验和故事[M]. 张园译, 北京: 北京大学出版社, 2008.
4. H. 哈肯. 信息与自组织[M]. 郭治安译, 成都: 四川教育出版社, 2010.
5. Rita C. Richey. 教育交流与技术术语集[M]. 来凤琪等译, 上海: 华东师范大学出版社, 2017.
6. T. 胡森等. 教育大百科全书(第七卷)[M]. 丛立新等译, 重庆: 西南师范大学出版社, 2006.
7. 阿·克拉斯诺夫斯基. 夸美纽斯的生平和教育学说[M]. 陈侠等译, 北京: 人民教育出版社, 1957.
8. 阿尔弗雷德·怀特海. 过程与实在[M]. 杨富斌译, 北京: 中国城市出版社, 2003.
9. 阿尔弗雷德·舒兹. 舒兹论文集(第一册)[M]. 卢岚兰译, 台北: 桂冠出版公司, 2002.
10. 阿尔弗雷德·许茨. 社会实在问题[M]. 霍桂桓译, 北京: 华夏出版社,2001.

11. 艾沃·古德森.教师生活与工作的质性研究[M].蔡碧莲等译,北京:教育科学出版社,2013.
12. 安东尼·吉登斯等.社会学基本概念(第二版)[M].王修晓译,北京:北京大学出版社,2019.
13. 安乐哲.儒家角色伦理学[M].孟巍隆译,济南:山东人民出版社,2017.
14. 奥古斯丁.忏悔录[M].周士良译,北京:商务印书馆,2010.
15. 奥苏伯尔.教育心理学[M].余星南等译,北京:人民教育出版社,1994.
16. 巴蒂斯塔·莫迪恩.哲学人类学[M].李树琴等译,哈尔滨:黑龙江人民出版社,2005.
17. 柏格森.创造进化论[M].王珍丽等译,长沙:湖南人民出版社,1989.
18. 鲍磊.社会学的传记取向:当代社会学进展的一种维度[J].社会,2014(5).
19. 彼得·瓦格纳.并非一切坚固的东西都烟消云散了[M].李康译,北京:北京大学出版社,2011.
20. 博尔诺夫.教育人类学[M].李其龙译,上海:华东师范大学出版社,2001.
21. 布鲁纳.教学论[M].姚梅林译,北京:中国轻工业出版社,2008.
22. 布鲁纳.故事的形成[M].孙玫璐译,北京:教育科学出版社,2006:52.
23. 布瑞·格特勒.自我知识[M].徐竹译,北京:华夏出版社,2013.
24. 曹明海.语文教学解释学[M].济南:山东人民出版社,2007.
25. 曹永国.解决问题抑或追寻意义[J].华东师范大学学报(教育科学版),2013(1).

26. 查尔斯·狄更斯.大卫·科波菲尔(上)[M].石定乐等译,长沙：湖南文艺出版社,1997.
27. 陈鹤琴.陈鹤琴全集(第二卷)[M].南京：江苏教育出版社,1989.
28. 陈蕾.教育研究中的解释学取向[J].煤炭高等教育,2007(9).
29. 陈向明.质性研究：反思与评论[M].重庆：重庆大学出版社,2008.
30. 陈晓端,张立昌.有效教学[M].北京：高等教育出版社,2015.
31. 陈晓端,张立昌.课程与教学通论[M].西安：陕西师范大学出版社,2017.
32. 陈友松.当代西方教育哲学[M].北京：教育科学出版社,1982.
33. 川合康三.中国的自传文学[M].蔡毅译,北京：中央编译出版社,1999.
34. 丛立新.课程论问题[M].北京：教育科学出版社,2002.
35. 丛立新.知识、经验、活动与课程的本质[J].北京师范大学学报(社科版),1998(4).
36. 丹尼尔·夏克特.找寻逝去的自我[M].高申春译,长春：吉林人民出版社,2011.
37. 邓正来.自由与秩序：哈耶克社会理论的研究[M].南昌：江西教育出版社,1998.
38. 狄尔泰.历史理性批判手稿[M].陈锋译,上海：上海译文出版社,2012.
39. 丁海东.儿童精神：一种人文的表达[M].北京：教育科学出版社,2009.
40. 杜普伊斯.历史视野中的西方教育哲学[M].彭正梅等译,北京：北京师范大学出版社,2008.
41. 恩斯特·卡西尔.人论[M].甘阳译,上海：上海译文出版社,

1985.

42. 菲利普·阿利埃斯.私人生活史(第2卷)[M].宋微微等译,北京:北方文艺出版社,2007.

43. 菲利普·勒热讷.自传契约[M].杨国政译,北京:三联书店,2001.

44. 冯加渔.儿童自传课程论[M].济南:山东教育出版社,2018.

45. 冯加渔.培养人:教育目的的时代澄明[J].江苏教育研究,2013(1).

46. 冯建军.教育的人学视野[M].合肥:安徽教育出版社,2008.

47. 冯契.哲学大辞典(修订本)[Z].上海:上海辞书出版社,2001.

48. 福柯.权力与话语[M].陈怡含编译,武汉:华中科技大学出版社,2017.

49. 福西永.形式的生命[M].陈平译,北京:北京大学出版社,2011.

50. 弗兰克·卡德勒.重建自我[M].熊汉忠等译.北京:现代出版社,2006.

51. 高男.德育工作需要对学生去"污名化"[J].中国教育学刊,2015(5).

52. 格特·比斯塔.超越人本主义教育与他者共存[M].杨超等译,北京:北京师范大学出版社,2020.

53. 葛鲁嘉,陈若莉.神经症与人性的成长[M].武汉:湖北教育出版社,1999.

54. 海德格尔.存在与时间[M].陈嘉映等译,北京:三联书店,1999.

55. 汉娜·阿伦特.人的境况[M].王寅丽译,上海:上海世纪出版集团,2009.

56. 郝德永.课程研制方法论[M].北京:教育科学出版社,2000.

57. 郝文武.当代中国教育哲学研究:从概念建构到理论创新和实践变革[J].北京师范大学学报(社会科学版),2010(6).

58. 赫·斯宾塞.斯宾塞教育论著选[M].胡毅等译,北京:人民教育出版社,1997.

59. 胡塞尔.欧洲科学的危机与超越论的现象学[M].王炳文译,北京:商务印书馆,2001.

60. 黄甫全.现代课程与教学论[M].北京:人民教育出版社,2014.

61. 黄光雄,蔡清田.课程发展与设计[M].台北:五南图书出版公司,2009.

62. 黄武雄.学校在窗外[M].北京:首都师范大学出版社,2009.

63. 黄忠敬.论布迪厄的课程文化观[J].外国教育研究,2002(3).

64. 加斯东·巴什拉.梦想的诗学[M].刘自强译,北京:三联书店,1996.

65. 蒋方舟.打开天窗[M].武汉:长江文艺出版社,2000.

66. 蒋洪池.大学学科文化的内涵探析[J].江苏高教,2007(3).

67. 基思·索耶.剑桥学习科学手册[M].徐晓东等译,北京:教育科学出版社,2010.

68. 金生鈜.规训与教化[M].北京:教育科学出版社,2004.

69. 瑾·克兰迪宁.叙事探究——原理、技术与实例[M].鞠玉翠等译,北京:北京师范大学出版社,2012.

70. 卡尔·波普尔.客观知识[M].舒炜光译,上海:上海译文出版社,1987.

71. 卡尔·雅斯贝尔斯.什么是教育[M].邹进译,北京:三联书店,1991.

72. 康德.历史理性批判文集[M].何兆武译,北京:商务印书馆,1996.

73. 克里希纳穆提.教育就是解放心灵[M].张春城等译,北京:九州出版社,2010.

74. 夸美纽斯.大教学论[M].傅任敢译,北京:教育科学出版社,

1999.

75. 夸美纽斯.大教学论·教学法解析[M].任钟印译,北京:人民教育出版社,2011.

76. 夸美纽斯.夸美纽斯教育论著选[M].任钟印译,北京:人民教育出版社,1991.

77. 李森,陈晓端.课程与教学论[M].北京:北京师范大学出版社,2015.

78. 李政涛.教育与永恒[M].上海:华东师范大学出版社,2019.

79. 李政涛,罗艺.智能时代的生命进化及其教育[J].教育研究,2019(11).

80. 联合国教科文组织.学会生存[M].华东师范大学比较教育研究所译,北京:教育科学出版社,1996.

81. 梁秀枝,徐晓宇.浅析海德格尔的时间性思想[J].山西高等学校社会科学学报,2009(8).

82. 廖哲勋.我对当代课程本质的看法(上)[J].课程·教材·教法,2006(7).

83. 刘小枫.沉重的肉身[M].北京:华夏出版社,2007.

84. 龙宝新,张立昌.高效课堂的理念与行动[M].西安:陕西师范大学出版社,2014.

85. 龙迪勇.空间问题的凸显与空间叙事学的兴起[J].上海师范大学学报(哲社版),2008(6).

86. 龙迪勇.叙事学研究的空间转向[J].江西社会科学,2006(10).

87. 卢梭.忏悔录[M].李平沤译,北京:商务印书馆,1986.

88. 马克斯·范梅南,李树英.教育的情调[M].李树英译,北京:教育科学出版社,2019.

89. 马克斯·范梅南.生活体验研究[M].宋广文译,北京:教育科学出版社,2000.

90. 马克斯·韦伯.新教伦理与资本主义精神[M].于晓等译,北京:三联书店,1987.

91. 迈克尔·奥克肖特.经验及其模式[M].吴玉军译,北京:文津出版社,2005.

92. 梅洛-庞蒂.符号[M].姜志辉译,北京:商务印书馆,2003.

93. 蒙田.蒙田随笔集[M].潘丽珍等译,西安:陕西师范大学出版社,2003.

94. 米夏埃尔·兰德曼.哲学人类学[M].张乐天译,上海:上海译文出版社,1988.

95. 内尔·诺丁斯.幸福与教育[M].龙宝新译,北京:教育科学出版社,2009.

96. 倪梁康.自识与反思[M].北京:商务印书馆,2002.

97. 欧文·戈夫曼.日常生活的自我呈现[M].冯钢译,北京:北京大学出版社,2008.

98. 欧用生.课程理论与实践[M].台北:学富文化事业有限公司,2006.

99. 帕特里克·斯莱特里.后现代时期的课程发展[M].徐文彬等译,桂林:广西师范大学出版社,2007.

100. 帕克·帕尔默.教学勇气[M].吴国珍等译,上海:华东师范大学出版社,2005.

101. 潘慧玲.教育研究的取径[M].上海:华东师范大学出版社,2005.

102. 皮德思.教育的逻辑[M].刘贵杰译,台北:五南图书出版公司,1994.

103. 钱旭鸯.电子人教育的挑战[D].上海:华东师范大学博士学位论文,2012.

104. 乔治·米德.十九世纪的思想运动[M].陈虎平等译,北京:中国城市出版社,2003.

105. 让·皮亚杰.教育科学与儿童心理学[M].吴泓缈译,北京:教育科学出版社,2018.

106. 戎庭伟.论教育空间中儿童的主体化:福柯之眼[D].杭州:浙江大学博士学位论文,2011.

107. 戎庭伟.儿童主体论[M].济南:山东教育出版社,2018.

108. 萨义德.世界·文本·批评家[M].北京:生活·读书·新知三联书店,2009.

109. 沈从文.从文自传[M].南京:江苏人民出版社,2014.

110. 沈萍霞.教师权威:困境与出路[M].西安:陕西师范大学出版总社,2017.

111. 施良方.课程理论——课程的基础、原理与问题[M].北京:教育科学出版社,1996.

112. 石中英.教学:一种理性的探险[J].教育科学研究,2003(5).

113. 石中英.知识转型与教育改革[M].北京:教育科学出版社,2001.

114. 斯台芬·茨威格.描述自我的三作家[M].关惠文译,北京:华夏出版社,2004.

115. 孙平,郭本禹.从精神分析到存在分析:鲍斯研究[M].福州:福建教育出版社,2011.

116. 汪霞.耗散结构理论与后现代课程范式[J].全球教育展望,2002(7).

117. 汪霞.课程研究:现代与后现代[M].上海:上海科技教育出版社,2005.

118. 王嘉旖,叶浩生.身体活动与学业成绩:来自具身认知的启示[J].心理学探新,2018(6).

119. 王江松.寻找自己与成为自己[M].北京:中国社会出版社,

2009.

120. 王力.中国古代文学词典(第三卷)[Z].南宁:广西教育出版社,1989.

121. 王秀萍.自组织与他组织框架下的课程组织沿革[J].教育理论与实践,2009(10).

122. 威廉·狄尔泰.历史中的意义[M].艾彦译,南京:译林出版社,2011.

123. 威廉·派纳等.理解课程(上)[M].张华等译.北京:教育科学出版社,2003.

124. 威廉·派纳等.理解课程(下)[M].张华等译,北京:教育科学出版社,2003.

125. 威廉·派纳.自传、政治与性别[M].陈雨亭等译,北京:教育科学出版社,2007.

126. 维斯拉瓦·辛波斯卡.辛波斯卡诗选[M].陈黎等译,长沙:湖南文艺出版社,2012.

127. 沃尔夫冈·布列钦卡.教育科学的基本概念[M].胡劲松译,上海:华东师范大学出版社,2001.

128. 吴靖国.生命教育[M].台北:五南图书出版公司,2006.

129. 吴康宁.课堂教学社会学[M].南京:南京师范大学出版社,1999.

130. 吴彤.自组织方法论研究[M].北京:清华大学出版社,2001.

131. 希尔伯特·迈尔.课堂教学方法(实践篇)[M].冯晓春等译,上海:华东师范大学出版社,2011.

132. 夏可君.身体[M].北京:北京大学出版社,2013.

133. 夏征农,陈至立.辞海(第六版彩图本)[Z].上海:上海辞书出版社,2009.

134. 小威廉·E.多尔.后现代与复杂性教育学[M].张光陆等译,北京：北京师范大学出版社,2016.

135. 小威廉姆·E.多尔.后现代课程观[M].王红宇译,北京：教育科学出版社,2000.

136. 小威廉姆·E.多尔.课程愿景[M].张文军等译,北京：教育科学出版社,2008.

137. 雅斯贝尔斯.什么是教育[M].邹进译,北京：三联书店,1991.

138. 亚瑟·埃利斯.课程理论及其实践范式[M].张文军译,北京：教育科学出版社,2007.

139. 杨柳,罗生全.中国特色课程理论的文化学建构[J].中国教育科学,2019(6).

140. 尤瓦尔·赫拉利.今日简史[M].林俊宏译,北京：中信出版集团,2018.

141. 尤瓦尔·赫拉利.未来简史[M].林俊宏译,北京：中信出版集团,2018.

142. 叶秀山.西方哲学史（第七卷下）[M].南京：凤凰出版社,2005.

143. 余宏亮.教师作为知识分子——通向知性人生的角色重塑[M].重庆：西南师范大学出版社,2017.

144. 袁雪生,古晓峰.追求诗性与真实的统———论自传中的自我书写问题[J].社会科学家,2008(1).

145. 约翰·杜威.我们怎样思维·经验与教育[M].姜文闵译,北京：人民教育出版社,2005.

146. 约翰·杜威.学校与社会·明日之学校[M].赵祥麟等译,北京：人民教育出版社,2005.

147. 约翰·加尔文.基督教要义(上)[M].钱曜诚等译,北京：三联书店,2010.

148. 约翰·麦克尼尔.课程导论[M].谢登斌等译,北京：中国轻工业出版社,2007.

149. 约翰·杜威.民主主义与教育[M].王承绪译,北京:人民教育出版社,2001.

150. 约翰·杜威.确定性的寻求[M].傅统先译,上海:上海人民出版社,2005.

151. 岳龙,夏惠贤.反思教育信念和行为的意义[J].现代教学,2005(Z1).

152. 张华等.课程流派研究[M].济南:山东教育出版社,2000.

153. 张华.课程与教学论[M].上海:上海教育出版社,2000.

154. 张华.研究性教学论[M].上海:华东师范大学出版社,2010.

155. 张华.走向儒学课程观[J].全球教育展望,2004(10).

156. 张立昌.课程与教学论[M].西安:陕西师范大学出版社,2012.

157. 赵白生.传记文学理论[M].北京:北京大学出版社,2014.

158. 钟启泉.课堂革命[M].南京:江苏人民出版社,2017.

159. 钟启泉.课程的逻辑[M].上海:华东师范大学出版社,2008.

160. 周兵.微观史学与新文化史[J].学术研究,2006(6).

161. 佐藤学.教育方法学[M].于莉莉译,北京:教育科学出版社,2016.

162. 佐藤学.课程与教师[M].钟启泉译,北京:教育科学出版社,2003.

163. 佐藤学.学习的快乐[M].钟启泉译,北京:教育科学出版社,2004.

164. 佐藤正夫.教学原理[M].钟启泉译,北京:教育科学出版社,2001.

英文文献

1. Allan C. Ornstein, Francis P. Hunkins. Curriculum:Foundations,

Principles, and Issues (7th Edition)[M]. Essex: Pearson, 2018.
2. Anastasia P. Samaras. Self-Study Teacher Research [M]. London: SAGE Publications, 2010.
3. Bernadette Baker. New Curriculum History [M]. Rotterdam: Sense Publisher, 2009.
4. Colin J. Marsh. Key Concepts for Understanding Curriculum (4th Edition)[M]. New York: Routledge, 2009.
5. Craig Kridel. Encyclopedia of Curriculum Studies[M]. London: SAGE Publications, 2010.
6. Edmund Short, Leonard Waks. Leaders in Curriculum Studies [M]. Rotterdam: Sense Publishers, 2009.
7. David J. Flinders, Stephen Thornton. The Curriculum Studies Reader (5th Edition)[M]. New York: Routledge, 2017.
8. Erik Malewski. Curriculum Studies Handbook: The Next Moment [M]. New York: Routledge, 2009.
9. F. Michael Connelly. The SAGE Handbook of Curriculum and Instruction[M]. London: SAGE Publications, 2007.
10. Joe Kincheloe, William Pinar. Curriculum as Social Psychoanalysis: The Significance of Place[M]. New York: State University of New York Press, 1991.
11. John W. Creswell. Qualitative Inquiry and Research Design: Choosing among Five Traditions [M]. London: SAGE Publications, 1997.
12. Daniel Tanner, Laurel Tanner. Curriculum Development: Theory into Practice (4th Edition) [M]. New Jersey: Prentice Hall, 2006.
13. Linda Anderson. Autobiography[M]. New York: Routledge,

2007.

14. Luther H. Martin. Technologies of the Self [M]. Amherst: University of Massachusetts Press, 1988.

15. Madeleine Grumet. Autobiography and Reconceptualization [J]. The Journal of Curriculum Theorizing, 1981(2).

16. Marilyn N. Doerr. Currere and the Environmental Autobiography [M]. New York: Peter Lang Publishers, 2004.

17. Marla Morris. Curriculum Studies Guidebooks [M]. New York: Peter Lang Publishing, 2016.

18. Max van Manen. Researching Lived Experience [M]. New York: State University of New York Press, 1990.

19. Michael Connelly, D. Jean Clandinin. Teachers as Curriculum Planners: Narratives of Experience [M]. New York: Teachers College Press, 1988.

20. Mindy R. Carter. Arts Education and Curriculum Studies: The Contributions of Rita L. Irwin [M]. New York: Routledge, 2017.

21. Robert Folkenflik. The Culture of Autobiography [M]. Stanford: Stanford University Press, 1993.

22. Robert J. Graham. Reading and Writing the Self: Autobiography in Education and the Curriculum [M]. New York: Teachers College Press, 1991.

23. Robert J. Graham. Currere and Reconceptualism: The Progress of the Pilgrimage 1975 – 1990 [J]. Journal of Curriculum Studies, 1992(1).

24. Stephen S. Triche. Reconceiving Curriculum: An Historical Approach [D]. Baton Rouge: Louisiana State University, 2002.

25. Stephen Triche, Douglas McKnight. The Quest for Method: The

Legacy of Peter Ramus[J]. History of Education, 2004(1).

26. Valerie J. Janesick. Curriculum Trends: A Reference Handbook [M]. Oxford: PABC-CLIO, 2003.
27. Wanying Wang. Chinese Currere, Subjective Reconstruction, and Attunement[M]. New York: Palgrave Macmillan, 2020.
28. William E. Doll. Curriculum Visions [M]. New York: Peter Lang Publishing, 2002.
29. William F. Pinar. Autobiography, Politics and Sexuality [M]. New York: Peter Lang Publishing, 1994.
30. William F. Pinar. What Is Curriculum Theory? [M]. New York: Routledge, 2004.
31. William F. Pinar. The Character of Curriculum Studies[M]. New York: Palgrave Macmillan, 2011.
32. William F. Pinar. International Handbook of Curriculum Research (2nd Edition)[M]. New York: Routledge, 2014.
33. William F. Pinar. Educational Experience as Lived: Knowledge, History, Alterity[M]. New York: Routledge, 2015.
34. William H. Schubert. Curriculum Books: The First Hundred Years (2nd Edition)[M]. New York: Peter Lang Publishing, 2002.

后　记

　　本书是笔者继拙作《儿童自传课程论》出版之后,围绕自传课程研究主题展开的理论与实践探索所得。作为一种先锋派课程理论,威廉·派纳等人系统建构的自传课程理论难免为课程与教学工作者所不识。然而,自传课程的基本内涵、方法路径对课程与教学工作改进具有重要的启发意义。自际遇派纳及其建构的自传课程学说以来,在导师的指引下,笔者展开了系列理论与实践研究。

　　自传课程发展了杜威主张的经验课程,秉持人本主义的价值立场,通过引导个体对自身内在课程体验的反思,促使个体摆脱知识灌注的奴役而走向生命的觉醒和解放。教师无论是致力于促进自身专业发展,还是引导学生个性化成长,都可使用自传课程方法,由此促进深化自我认识、激活发展潜能。笔者在课程与教学工作中,就使用了自传课程方法,由此进一步加深了对教育、学生和自我的理解。

　　笔者在书稿写作过程中,得到众多师友的指导及历届学生的支持,在此深表谢意!同时,感谢陕西师范大学社会科学处前期组织专家评审,将本书列为陕西师范大学优秀著作出版基金资助项目。由于诸多原因,本书虽未使用出版基金资助项目名义出版,但仍要感谢学校及诸位匿名评审专家!

　　此外,特别感谢复旦大学出版社编辑林森老师、庞国平老师为本书出版提供帮助!林森老师专业素养精深,在百忙之中提出不少中肯建议,笔者受益良多,在此特郑重致谢!

后记

本书写作期间,小女维桢的出生给幸福家庭生活增添了更多的喜乐。衷心感谢父母、妻子及所有家人的辛苦付出!"爱是我们一生的课程",笔者深以为然。

"写作是遗憾的艺术",本书论述或有不当,敬请各位读者批评指正。课程之旅,道不远人,吾将上下而求索。

冯加渔

2021 年 7 月

图书在版编目(CIP)数据

自传课程研究:理论与实践/冯加渔著. —上海:复旦大学出版社,2021.8
ISBN 978-7-309-15789-5

Ⅰ.①自… Ⅱ.①冯… Ⅲ.①课程-研究 Ⅳ.①G423.04

中国版本图书馆 CIP 数据核字(2021)第 130657 号

自传课程研究:理论与实践
冯加渔 著
出 品 人/严　峰
责任编辑/林　森
复旦大学出版社有限公司出版发行
上海市国权路 579 号　邮编:200433
网址:fupnet@fudanpress.com　http://www.fudanpress.com
门市零售:86-21-65102580　团体订购:86-21-65104505
出版部电话:86-21-65642845
江苏凤凰数码印务有限公司

开本 890×1240　1/32　印张 6.625　字数 166 千
2021 年 8 月第 1 版第 1 次印刷

ISBN 978-7-309-15789-5/G·2269
定价:29.00 元

如有印装质量问题,请向复旦大学出版社有限公司出版部调换。
版权所有　　侵权必究